ALFONS KRAUS

Für einen gefallenen Engel beten sie nicht

Die Katholische Kirche und ihre verheirateten Priester.
Herausgegeben vom Aktionskreis Regensburg

Publik-Forum
Zeitung kritischer Christen

DOKUMENTATION

Alfons Kraus	*6.10.1933
Priester seit	29.06.1962
entpflichtet	01.01.1969
Lehrer	17.03.1971
Konrektor	01.03.1981
Rektor	01.02.1987

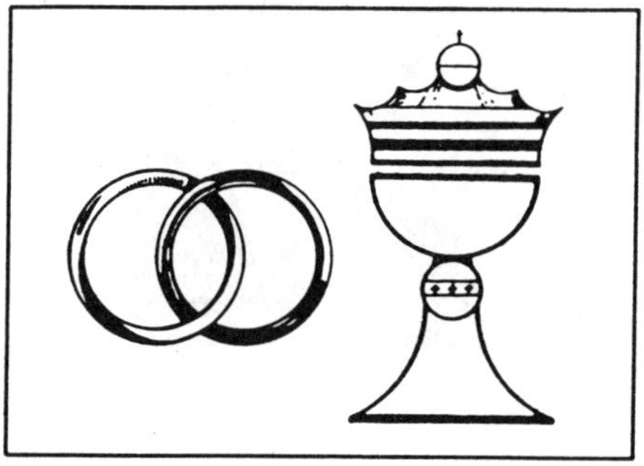

Dieses Buch erschien erstmals im Dezember 1988 im Selbstverlag von

Brigitta Kraus

8070 Ingolstadt 23

INHALTSVERZEICHNIS

Anstatt eines Vorwortes

Alfons Kraus, der Autor der vorliegenden biographischen Geschichte eines entpflichteten Priesters, widmete sein Buch "allen, die wegen ihrer Kirche leiden und sie trotzdem lieben". Diese, so Kraus, widerlegten in großherziger Weise den vom Papst Paul VI. in seinem Rundschreiben vom 24. Juni 1967 "Über den priesterlichen Zölibat" erhobenen Vorwurf der Untreue. Den "Ungetreuen" gelte trotz Diskriminierung die Zusage Christi, daß sie Gott "im Geist und in der Wahrheit"[1] anbeten.

Wolfgang Bartholomäus, vor Jahresfrist noch Professor für Religionspädagogik an der katholisch-theologischen Fakultät in Tübingen, nahm im Jahre 1988, zwanzig Jahre später als der Autor, seinen Abschied vom Zölibat. Es lohnt sich wiederzugeben, was Bartholomäus über die erschütternde Lebensgeschichte des Autors schrieb[2]. Obwohl bis an Menschenverachtung reichenden Erlebnissen mit Kirchenleuten und Christenmenschen ausgesetzt, habe Alfons Kraus sein Buch mit einer erstaunlichen Gelassenheit und Versöhnungsbereitschaft geschrieben. Auffallend sei, daß Kraus wohl entdeckte, daß Priestertum und Ehelosigkeit nicht zwangsläufig zusammengehören, nicht aber, daß schon das Amtspriestertum selbst biblisch in Frage steht. Das Theologische sei weder Stärke noch Anliegen des Buches. Die Aufmerksamkeit werde auf den konkreten Alltag eines Priesters, der sonst eher hinter schönen Floskeln versteckt wird, gelenkt, und auf das, was einem Priester passieren kann, der einer geliebten Frau die Treue hält. Bartholomäus: "Ich halte solche Berichte für dringlich."

Viele solcher Berichte könnten geschrieben werden. Sie belegen, mit welchem Druck das Scheinideal des Pflichtzölibats von der katholischen Kirchenleitung durchgesetzt und mit welcher Bitternis es zuweilen bezahlt wird. Sie zeigen zudem, welche Enttäuschungen Kirchenobere selbst denen zufügen können, die sich für Jesu Sache engagieren wollen.

Harald Pawlowski

Widmung

Dieses Buch widme ich allen, die wegen ihrer Kirche leiden und sie trotzdem lieben. So widerlegen sie den Vorwurf "beklagenswerter Untreue" auf großherzige Weise. Ihnen gilt trotz Diskriminierung die Zusage Christi, daß sie Gott "im Geist und in der Wahrheit"[1] anbeten.

Gedanken

Vor 20 Jahren mußte ich sang- und klanglos, wie ein Dieb in der Nacht, meine Kirchengemeinde verlassen. Ein Wort des Abschieds an sie war mir ausdrücklich nicht gegönnt.

Ich hatte meinem Bischof den Entschluß zu heiraten mitgeteilt. Dabei hoffte ich, daß mir die im "Dekret über Dienst und Leben der Priester" vorgefundene Aussage über die Praxis der frühesten Kirche trotz meines Bekenntnisses zu einer Frau einen Arbeitsplatz eröffnen werde.[3]

Gab es doch auch in der frühesten Kirche hochverdiente Priester im Ehestand. In der oben genannten Quelle sind adäquate und akzeptable Arbeitsplätze umschrieben: Alle Priester leisten trotz ihrer verschiedenen Ämter für den Menschen den *einen* priesterlichen Dienst, "auch wenn sie sich anderen apostolischen Werken widmen".[4] - Wie zahlreich wären diese Aktivitäten gewesen![5]

Als der Generalvikar einen Mitbruder als Kurier zu mir schickte, ließ er mir zusichern, daß es für mich eine Verwendung in der Kirche gäbe. Nachdem ich aber meinen Vorsatz offiziell bekannte, mußte ich erst ein unmenschliches, sofortiges, riskantes Vakuum durchschreiten. Erst nach einer zweijährigen Bewährungszeit in Ehe und Beruf könnte ich mich wieder melden. - In welchem Beruf aber, wenn ich keinen hatte?

So mußte ich rasch eine Bleibe für mich und meine spätere Frau finden!

Wo war der Ort, an dem zu leben mit Blick auf einen künftigen Beruf einen Sinn hatte? Dort sollte ich für meine Frau einen Arbeitsplatz auftreiben, der unsere wirtschaftliche Basis sicherte. Die Diözese hatte zwar finanzielle Unterstützung zugesagt, aber wie würde sich alles entwickeln?

Bei unserer verzweifelten Suche nach Wohnung und Arbeit half uns keiner. Die Zeit drängte, und die bevorstehenden Weihnachtsfeiertage erwiesen sich für unser Unternehmen als ungünstig. Das Pfarrhaus war binnen drei Wochen zu räumen!

Es ist eine der traurigsten Erinnerungen meines Lebens,

wie die Speditionsfirma die Türen der Möbelwägen schloß und abfuhr. Meine zukünftige Frau, ihre Mutter und ich folgten bei tiefem Schnee, klirrender Kälte und plötzlich ausgefallener Heizung im VW-Käfer unseren Habseligkeiten nach S.

Schon zur Abfahrt war es beinahe dunkel, und wir hatten 250 km Fahrt auf der Autobahn vor uns. Es grenzt an ein Wunder, daß wir das Ziel trotz ständig angefrorener Scheiben lebendig erreichten. Wir hofften, daß wir bis zum Ende des Tages unsere eilig angemietete Wohnung bezogen hätten, damit wir wenigstens einen Schlafplatz fänden. Als wir aber am Ziel ankamen und vor der Haustüre standen, erklärten die Packer, daß sie nicht mehr auszupacken gedächten.

Jetzt mußten wir uns in einer fremden Stadt, in einem unangemessenen Aufzug, um unser allerknappstes Geld für eine Nacht ein Quartier in einem Hotel mieten. Alles war zum Weinen! Ich selbst war sogar in Hausschuhen aufgebrochen, weil wir in der Eile meine Straßenschuhe im Möbelwagen verstaut hatten.

Ja, auch heute gehen heiratswillige Priester und ihre Frauen wieder in eine ungewisse Zukunft. Wir selbst aber mußten eine harte Zeit und eine menschenunwürdige Hetzjagd durchstehen. Ich hätte das alles ohne die Liebe meiner Frau nicht durchgestanden. Wir waren zu Beginn unseres gemeinsamen Lebens von aller Welt, soweit wir sie in unserem katholischen Schneckenhaus kannten, verachtet, ja geächtet. Ich kann, wie man sagt, über unsere Erfahrungen ein Buch schreiben.

Bis vor Jahren verdrängte ich das alles einfach aus meinem Leben. Zur institutionellen Kirche hegten meine Frau und ich eine Art von Haßliebe. Heute besitzen wir einen gewissen Abstand.

Trotz aller traurigen Erlebnisse und Enttäuschungen weiß ich mich nach wie vor als Priester. Ich glaube an meine Berufung und Sendung und würde meiner früheren Gemeinde in G. sicher einen guten Pfarrer abgeben, den sie seitdem vermissen muß. Meine Frau könnte mich in meinem Dienst unterstützen.

Weil es nicht dort, noch sonstwo möglich ist, den gewohnten priesterlichen Dienst zu tun, wirke ich ohne die Anerkennung kirchlicher Obrigkeit in dem Bereich, der mir durch meinen jetzigen Beruf offensteht, als Priester.

Trotz meiner wieder erlangten allseitigen Sicherheit denke ich oft an meine damalige Geworfenheit und an die Brüder und deren Frauen, die heute leiden.

In den Jahren nach dem Berufswechsel, in denen ich mich sozusagen aus verschmähter Liebe in Wort und Schrift aufbäumte, machten mich jene, die sich für treu hielten, zum notorischen Bösewicht. Nicht zuletzt deswegen bot ich alle Energie auf, im neuen Beruf ein Forum zu finden, von Gott als Priester wirksam und glaubwürdig Zeugnis geben zu können. Diese meine Form des "Adsum" ist zwar noch nicht die offizielle und autoritätskonforme Ausprägung priesterlichen Dienstes, aber die von Gott zugelassene.

Ich wollte schon immer das Stigma der Schande, das man mir aufzuprägen bemüht war, loswerden. Jetzt aber habe ich das "Versagen" als Kraft erkannt.

Ich will die Kirche nicht mehr anklagen, sondern sie zu einer Gewissenserforschung mit mir einladen.

Für einen gefallenen Engel beten sie nicht

Ich darf dem Leser kurz erklären, warum ich für mein Buch den Titel wählte: "Für einen gefallenen Engel beten sie nicht".

Nachdem ich nach katholisch-kirchlichem Jargon das deutlichste Zeichen der Untreue und des Versagens setzte, als Priester zu heiraten, waren meine Frau und ich Freiwild für viele, die glaubten, Gott und der Kirche durch vernehmbare Entrüstung einen Gefallen erweisen zu müssen. Viele haben uns über Jahre beschimpft und gelästert und uns viel Leid zugefügt. Wer aber betete für uns um Kraft, nicht um unsere Bekehrung?

Lange Zeit registrierten wir die Entwicklungen in der Kirche nicht mehr. Sollten wir dabei übersehen haben, daß diese in treuer Liebe den Gläubigen ein formelles oder privates Gebet für uns ewig gesiegelte, wenn auch ungehorsame Priester empfohlen hat?

Und tat sie es nicht, so fühle ich mich doch immer miterfaßt, wenn im Kanon der Messe Gott für den Bischof, die Priester und die Diakone angerufen wird. So spricht Gott selbst jeden Sonntag mit mir seine gütige Sprache, wenn schon die Kirche das Gespräch mit den verheirateten Priestern furchtsam vermeidet.

Ein Hinweis sei mir noch gestattet: Aus Barmherzigkeit unterließ ich alle Orts- und Personennamen, nicht zuletzt auch, um Freunde zu schützen und mir selbst Ungemach zu ersparen.

ICH HABE DICH BEI DEINEM NAMEN GERUFEN... (IS 43,1)

Wenn ein Priester aus seinem Amt scheidet und um Dispens bittet, hinterfragen Berufene und Unberufene seine wirkliche Auserwählung durch Gott.

Darum ist es mir ein Anliegen, vor allen anderen Erwägungen an mich selbst die Frage zu richten: War ich wirklich zum Priester berufen? - Ich muß unbeeindruckt durch die zurückliegenden Ereignisse und die gegenwärtige Lebensform eine ehrliche Antwort finden.

Für diesen Fall befinde ich mich in der glücklichen Lage, durch Aufzeichnungen in einem treu geführten Tagebuch beweisen zu können, daß ich mit Freude Gottes Ruf annahm. Ich wuchs trotz vieler anfänglicher Bedenken und zeitweiliger innerer Widersprüche in meine zukünftige Rolle hinein.

Am Tag, an dem ich die *Tonsur* und die vier *niederen Weihen* empfing, schrieb ich den Satz nieder, den ich vor dem Bischof kniend aussprach: "Der Herr ist mein Erbteil und mein Los. Du bist es, der mir mein Erbe zurückerstatten wird!" Ich verstand diesen Satz als Bekenntnis.

Ich strebte damals zwar das Priesteramt mit all seinen Verpflichtungen an, aber das Problem der Einsamkeit und Zweisamkeit ließ mich nie in Ruhe. Doch den Ruf Gottes empfand man damals allgemein als bindend, und seine Zurückweisung hätte mich im Gewissen belastet. Darum bemerkte ich an dem Tag, als ich *Kleriker* wurde, ebenfalls: "Ich freue mich oft, daß Gott mich mag und besonders gerufen hat. Manchmal aber wäre es mir lieber, der Herrgott hätte mir diese Verantwortung nicht aufgebürdet."

In den folgenden Jahren der Berufsvorbereitung registrierte ich Zeiten der frohen Hingabe, aber auch Perioden der Unsicherheit: "Meine ganze Erwartung gilt nun der bevorstehenden Weihe zum Diakon. Gott, mache mich dereinst zu einem guten Priester. Das ist nun mein größter Wunsch!"

Schon einen Monat bevor ich Diakon war, unterzog ich mich der Pflicht des Breviergebets. Dieses hielt ich für ebenso verbindlich wie den Zölibat: "Ich betrachte die Matutin dieses Tages", so schrieb ich, "als den Anfang meines Offiziums. Ich will dem Herrn alle Zeit meines Lebens lobsingen. Ich bete das Brevier in der festen Absicht, daß ich nie schuldhaft meine Pflicht vernachlässige. Mit Gottes Hilfe kann ich es!" Aber ich bemerkte auch: "Ich weiß um das Opfer und den Verzicht. Ich will dem Herrgott das Opfer bringen! Daß doch diese Bereitschaft niemals verloren ginge! Ich ahne, daß es manchmal schwer werden wird. Doch mit Gott kann ich alles!" Ein paar Tage später notierte ich: "Der Zölibat wird für mich immer ein Opfer bleiben. Die Frau hat eine starke Anziehungskraft auf den Mann. Heute weiß ich es, daß ich auch ganz gerne heiraten würde. Aber Gott will von mir nun einmal den Verzicht. Er führte mich bisher so wunderbar. Das betrachte ich als sicheres Zeichen meiner Berufung. Gäbe es doch noch zuverlässigere Zeichen! Mein Weg ist ein Weg in das Ungewisse. Aber für wen trifft das nicht zu? Denn wenn ich heiraten würde, wäre dann mein Weg weniger riskant? Man meistert das Leben nur in der Liebe. Gott zu lieben, das ist mir Gesetz!"

Den *beiden höheren Weihen*, Subdiakonat und Diakonat, gehen dreitägige Exerzitien voraus. Zu diesem Zeitpunkt fällt die Entscheidung, ob man sich lebenslänglich durch die Standespflichten des katholischen Priesters binden will. In dieser für mich hochdramatischen Lage schloß ich jeden der drei Tage mit einer Erklärung ab.

Erster Tag: "Ich glaube sicher, daß ich zum Priestertum berufen bin. Ich sehe in meinem bisherigen Weg die klare Linie und die Sehnsucht, Gott als Priester dienen zu dürfen. Wohl gab es dann und wann Ausflüchte, wo ich gegen Gottes Willen rebellierte oder wo ich schwach war. Gott kennt meinen Stolz und Hochmut. Darum hat er mich oft gedemütigt. Er will mich reifen sehen im Mitfühlenkönnen mit den anderen Menschen. Ich weiß um die Last der Sünde. Ich weiß auch um die Freude der Begnadigung. - Nun gib mir, Gott, Kraft und Mut, konsequent "Ja" zu sagen zum Priesteramt und dieses "Ja" immer wieder zu erneuern! Du, meine himmlische Mutter, sei immerdar meine Beschützerin. Du bist die reine Frau. Laß mich nach deinem Idealbild nach Reinheit streben! Steh mir immerdar bei!"

Zweiter Tag: "Ich freue mich schon sehr auf die heiligen Weihen. Herr, von Ewigkeit her hast du mich gerufen! Du hast mich geliebt, so wirst du auch für mich sorgen. Wie kann ich nur staunen! Du hast mich gekannt, und du hast mich trotzdem berufen!"

Dritter Tag: "Es hat keinen Sinn, wenn ich noch lange überlege. Ich habe mich schon tausendmal für das Priestertum entschieden! Heute sei es definitiv! Ich will hintreten zum Altare Gottes! Mit den Worten der Komplet bekenne ich: In deine Hände, Herr, empfehle ich meinen Geist! Im Schatten deiner Flügel schütze mich. Im Namen des Herrn trete ich hinzu."

Nach den Tagen der Weihe folgte ein Jahr des Hochgefühls und der Erleichterung. Ich schilderte beglückt mein Wirken als Diakon, freute mich über die Predigten, die ich hielt, die Taufen, die ich spendete, den liturgischen Dienst und die Spendung der Eucharistie an Kranke und Sterbende.

Kurz vor der Priesterweihe faßte ich meine Bereitschaft nocheinmal zusammen: "Gott, wie danke ich dir, daß du mich zu deinem Priestertum berufen hast! Heute spüre ich dieses Glück ganz tief. Dein Priester darf ich sein! Das macht mich froh. Jetzt spricht Gottes Geist in mir. Ein glaubwürdiger Priester will ich sein und selbstlos, geben ohne zu zählen! Dann bin ich glücklich. Gib mir, Herr, Eifer und Mut! Laß diese Glut auch auf andere überspringen!"

Es ist bezeichnend, daß ich über den *großen Tag der Priesterweihe* keine Notizen machte. Wahrscheinlich hatten mich die Ereignisse und die Betriebsamkeit des Tages so in Anspruch genommen, daß keine Zeit mehr blieb.

Über mindestens ein Jahr hatte ich mich selbst in eine nicht zu überbietende Hochstimmung gebracht, der nach der Priesterweihe eine Entspannung folgen mußte. Es steht außer Frage: Ich hatte zur Priesterweihe einen inneren Zustand erreicht, der den Empfang des Sakramentes rechtfertigte. Ich wählte in der Freiheit, die mir bei meiner Geschichte eigentümlich war, diesen Lebensweg.

WIE EINEN ENGEL GOTTES NAHMT IHR MICH AUF ... (GAL 4,14)

Nun erlebte ich es, wie um mich, einen gewöhnlichen Menschen, der gerade Priester wurde, ein Nimbus entstand, eine Gloriole, die mich mit übernatürlicher, ganz ungewöhnlicher Autorität auszeichnete.

Was hatte ich als neugeweihter, junger Priester schon geleistet, daß mich reife, hochverdiente, im Leben erprobte Menschen ehrfurchtsvoll grüßten? Sie maßen mir eine Kraft zu , die rein instrumental wirken mußte, nachdem ich personal den Ansprüchen der Menschen nach meiner Selbsteinschätzung nicht genügte. War es ein Relikt von Magie, war es das Mysterium oder Arkanum, an dem ich jetzt teilnahm? - War es noch vertretbar, daß dieser junge Mensch, der ich war, so sehr mit Christus identifiziert wurde, daß man mich einen "alter Christus", einen "zweiten Christus" nannte? Ich war nun ein Mensch, der an der Stelle des Christus stand. Ich empfing, was Christus zusteht: nicht nur Ehrfurcht, sondern Huldigung.

Ich lernte in der Zwischenzeit, weil ich nach dem Urteil vieler durch mein "Versagen" diesen Schmelz verlor, auch die Kehrseite der Medaille kennen. Ich erfuhr, wie dieselben Leute, die vorher "Hosanna!" riefen, nun "crucifige!" schrien. Sie gestatteten mir nicht mehr, Mensch zu sein, nicht mehr in der ganzen Fülle wenigstens und in der ganzen Bandbreite. Sie lernten in der Geschichte zu sagen: "Du hast die göttliche Kraft empfangen, Gott hat sie dir zugemessen, wir haben sie dir zuerkannt, du mußt jetzt mit ihr leben!"

Wie gut wäre es, wenn der junge Priester sie wirklich besäße, diese Kraft, spürbar wirksam, wenn sie nicht nur zugemessen worden wäre!

Bevor ich dies schrieb, fragte ich mich ehrlich, ob ich mir diese meine heutige Sicht von priesterlicher Existenz nicht nur aus Neid oder Eifersucht angeeignet habe, jetzt, nachdem ich die warme Sonne der Gunst vermisse. Darum rekapitulierte ich einige Tatsachen und Aussagen, um meine Feststellungen zu verifizieren.

Wie sagte doch der Bischof, der mich weihte, zum gläubigen Volk, das der Feier beiwohnte? - "Vielleicht schleicht sich in ihr Herz ein leises Bedauern, daß die Neupriester in eine Ferne gerückt sind, wohin ihnen kein Weltraumfahrer folgen kann!"

Wen wundert es, daß das fromme Volk dem Primizsegen eine Bedeutung zumißt, die das Opfer rechtfertigt, ein Paar Schuhe durchzulaufen? - Natürlich ist es nicht der eigene Segen, sondern der Segen von Christus, den der Neugeweihte austeilt! Aber ist etwa dem gebeutelten, ernüchterten, gefallenen und wieder aufgestandenen Priester die Segenskraft von Christus verlorengegangen oder gemindert worden? Jeden Sonntag könnte ihn das christliche Volk segnend antreffen, ja jeden Tag, aber sie suchen ihn nicht.

Weil ich gerade am Tag meiner Priesterweihe verweile, erinnere ich mich der Gesänge, die der Domchor in vorzüglicher Brillanz darbot:

"Non iam vos dicam servos, sed amicos - ich nenne euch nicht mehr Knechte, sondern Freunde."

War ich denn nicht auch schon vorher dein Freund, Herr? - Warum nanntest du mich vorher deinen Knecht? - Oder fand dein Wort einen falschen Ort? Rutschte es nur zu Dekorationszwecken in die Weiheliturgie, oder besiegelte es wirklich den neuen Stand des Ordinierten.

Es ist schon merkwürdig, daß sich der höchste irdische Priester, der Papst, "servus servorum Dei" - "Diener der Diener Gottes" nennt. Es ist schon eigentümlich, daß der Bischof, der mich weihte, im Wappen den Wahlspruch führt: "diakonein en agape, in Liebe dienen!"

Regieren sie nicht doch, die regierenden Bischöfe, so nach Art der feudalen Herren vergangener Zeiten? Z.B. "Herbipolis sola iudicat ense et stola? - Der Fürstbischof von Würzburg allein richtet mit dem Schwert und mit der Stola."

Von dieser Perspektive her empfing auch ich ein Stückchen von jener Größe, die aus mir einen "Hochwürden" machte.

Mich nannten die Leute also "Hochwürden!" Nach meiner Neuorientierung hätten sie mich am liebsten "Unwürden" geschimpft. Den Segen der Gerechtgebliebenen hätten sie gehabt!

Über der Türe meines Elternhauses hing vom Tag meines Empfanges bis zum Tag nach meiner Primiz ein Spruchband: "Ein Stern geht auf über dem Haus, aus dem ein Priester kam." - Einen Priester in der Familie zu haben, das war oder ist für viele das höchste irdische und in das Überirdische reichende Glück. Da nehmen sie am Prestige teil. Das ist ein unvorstellbarer Aufstieg, für sie wie für den Priester.

Ja, ich verweile immer noch bei jenen erlebnisreichen Tagen meiner Priesterweihe und Primiz, denn ich wurde wie ein wahrer König empfangen und gefeiert. "Der Stern" war für viele Leute aufgegangen, sie hatten ihn seit Jahren erwartet.

Mich machte es nicht stolz, ich dachte vielmehr an meine Schwäche. Ich ließ das Volk gewähren, weil es sein Fest haben sollte, dem es entgegenfieberte. Ich ließ alles geschehen, weil ich den Ruhm der Kirche mehren wollte.

Hätte ich es doch lieber nicht! Heute würde ich es nicht mehr zulassen! Damals wollte ich auch nicht undankbar erscheinen. Hatten doch viele Wohltäter schon längst das Eintrittsgeld bezahlt. Da lebten zwei gute, fromme Seelen, die mir ein paarmal Geld zuwendeten. "Euer Hochwohlgeboren" nannten sie mich auf dem roten Postanweisungsabschnitt, wenn sie mir eine Guttat zukommen ließen. Sie beschämten mich und brachten mich in Verlegenheit. Da war der katholische Männerverein, der ein paarmal einen Betrag aus der Vereinskasse abzweigte für mich, ihr Ehrwürdiges, später Hochwürdiges Mitglied. Wie hätte ich sie enttäuschen dürfen, nachdem sie mir zum Subdiakonat das Brevier spendierten, damit ich es auch für ihr aller Wohl täglich persolviere. Ja, sie erwarteten alle den Lohn ihrer guten Tat von dem, den ich auf Erden vertrat. Jetzt sahen sie nicht mehr mich, den Menschen, sondern den Überirdischen, den Extraterrestrischen, der ich doch gar nicht war!

Gewiß schätzten mich einige auch als Mensch. Sie blieben mir dann auch nach meinem Berufswechsel treu, und zwar nur diese.

Mein Primizprediger drückte treffend aus, was die anderen wiederum im Priester gerne sahen: "Was soll der Priester heute nicht alles sein? - Er soll die Vollkommenheit eines Sängers, die Muskelkraft eines Boxers, das Wissen eines Gelehrten haben. Er ist Priester in einer Zeit, in der die Show alles gilt und Blendwerk und Startum zum Vorbild werden."

Aber nicht nur das schlichte und bisweilen unvernünftige Volk stellte den Priester auf dieses hohe Podest. Die Kirche und er selbst begünstigten diese "Auserwählung".

Als ich noch im Amt des Priesters war - Priester bin ich ja ewig, nur das Amt übe ich auf Geheiß nicht aus - sang ich an Priesterjahrtagen, Priesterfesten und entsprechenden Anlässen im Chor mit meinen Mitbrüdern:

"Ein Priesterherz ist Jesuherz, Herz Mariae! Es teilt mit dir stets Freud und Schmerz, Herz Mariae! Nimm mein Herz, dein soll es sein! Schließ' in deine Lieb'es ein ...!" Die Priester selbst verstanden das Lied zum allergrößten Teil wohl als Imperativ an sich selbst, wenn sie sich so mit Jesus identifizierten.

Das Volk aber betrieb eine unheilvolle, inadäquate Identifikation, die sich auch in vielen Äußerungen zum Priesterdonnerstag artikulierte. Was drückt nicht schon die Wochentrilogie des Monatsanfangs an Identifikation aus! "Priesterdonnerstag" - "Herz-Jesu-Freitag" - "Herz-Mariae-Sühnesamstag".

Die Identifikation finde ich im Sollzustand berechtigt - im Habenzustand ist sie aber verlogen und gefährlich!

Am Priesterdonnerstag und zu anderen Priestertagen sprachen wir hin und wieder das Gebet Papst Pius XII. um Priesterberufe. Gewiß, wir trugen Gott die Bitte um gute Priester vor. Das Volk konnte vielfach zwischen dem Soll- und Iststand nicht trennen.

"Laß sie nicht zurückschrecken vor Opfern", heißt es dort. "Gleich Königsadlern mögen sie sich emporschwingen zur lichten Höhe Deines ewigen Priestertums ... Gib gütiger Jesus, daß sie wahre Engel seien für Dein Volk:

Engel der Reinheit, die die göttliche Liebe über jede menschliche Liebe stellen;

Engel der Liebe, die auf die Freuden einer irdischen Familie verzichten;

Engel des Lichtes, die in den Herzen den Glauben an Dich gleich dem Morgenstern aufleuchten lassen;

Engel des Opfers, die gleich einer Opferflamme sich selbst verzehren für das Wohl ihrer Brüder und Schwestern;

Engel des Rates und der Stärke, die in Leid und Schmerz trösten ...

Engel der Gnade, die die Seelen reinigen und aufrichten;

Engel des Friedens ..."[6]

Ich wußte von mir selbst, daß ich diesem Anspruch bei weitem nicht genügte. Ich weiß es von vielen Erlebnissen mit Priestern, Mitbrüdern, wenn Sie wollen, daß gerade sie oft wenig von diesen Merkmalen geprägt sind. Gewiß fällt das an ihnen besonders auf, wenn sie diese Attribute schuldig bleiben, weil sie sie am Rest der Menschheit ständig einklagen.

Bei vielen schlichten Menschen aber verleihen solche Worte einen Glanz, geben sie einen Stempel ab, der oft nur eine leere Hülse schmückt. Doch solche Worte wehren es dem Menschen im Priester, Mensch sein zu dürfen. Er muß wie ein Engel sein, ja mehr als ein Engel!

Der Mensch aber wird nicht durch einen Engel gerechtfertigt, auch nicht durch den Engel im Priester, sondern durch Christus allein. Wir lesen bei Paulus: "Er hat den, der von Sünde nichts wußte, für uns zur Sünde gemacht, damit wir in ihm Gottes Gerechtigkeit darstellen."[7]

Dieses Wort, auch ein Kernwort des Reformators Martin Luther, hat mich immer gestärkt, wenn ich dem Vergleich mit dem "Engel" nicht gerecht wurde.

Gertrud von Le Fort schreibt in "Hymnen an die Kirche": "Deine Priester tragen Gewänder, die nicht alt werden ..." Solche heeren, schönen Worte hüllen auch den Priester in einen Mantel, der ihn birgt und gegen das Draußen abschirmt. Sie preist aber auch die Demut: "Deine Demut ist eine Tochter der Allmacht: Sie ist Gottes Verwandte, sie ist seine Ebenbürtige im tiefen Staub. Sie ist die Gewalt seiner Schöpfung: Es gibt kein Widerstehen vor ihr in den Himmeln. Sie springt durch die Pforte der Cherubim, und die ehernen Engel senken vor ihr das Schwert. Sie dringt zum Angesicht des Herrn - Da kniet sie in alle Ewigkeit nieder."[8]

Ich bekenne in Demut, daß ich den überzogenen, unbiblischen Erwartungen so vieler und meiner selbst nicht entsprechen konnte.

Noch immer meditiere ich über die ergreifende Feier, in der ich zum Priester geweiht wurde. An ihrem Ende sang der Domchor das Lied:

"O unbefleckt empfang'nes Herz, Herz Mariae". Das Lied packte mich damals und es tut es immer noch. Aber ich schämte mich nicht als Priester zu gestehen, daß ich weder unbefleckt empfangen, noch es als Mensch geblieben war. Ich verfiel nie dem Fehler, den Begriff "unbefleckt" nur auf den Bereich der Sexualität zu beziehen, statt auf die ganze Palette des Menschlichen.

Ich verehre die Gottesmutter Maria und ich hoffe, daß sie mir ihre Gunst nie versagt, die ich erbat, als ich mich öftere Male ihr anempfahl.

Aber sie konnte mir gerade deswegen nur schwer Vorbild werden, weil sie anders, begnadeter ist als ich, auch wenn das Schlußlied meiner Priesterweihe das anheischig machte. In ihrem Ja zu Dienst, zum uneingeschränkten Dienst, nahm ich sie mir zum Vorbild.

Meine früheren Arbeitgeber, Vorgesetzten und Dienstherren müssen mir das bestätigen. Nur verstand ich den "Dienst" wie das ganze fromme und schlichte Volk sehr exklusiv und esoterisch, eben wie der Dienst des Priesters in der traditionellen Auffassung heute noch gesehen wird. Ich weiß erst heute, daß jeder Dienst am Menschen mit dem Dienst Marias verglichen werden darf.

Damals wußte ich das noch nicht, das erkenne und bekenne ich deutlich, wenn ich meine Predigt beim Empfang in der Heimatgemeinde lese. Damals sagte ich:

"Hoch preise meine Seele den Herrn, und mein Geist frohlockt in Gott meinem Heiland, weil er die Niedrigkeit seiner Magd angeschaut hat! (Lk 1) Dieses Wort Marias im Magnifikat erfüllt am heutigen Tage auch mein Herz und meine Seele.

Gestern hat mich Christus, der Hohe Priester, durch die Hand des Bischofs zu seinem Priester geweiht. Aus eurer Mitte hat er mich genommen, als euren Mittler hat mich Gott bestellt. In eurem Namen werde ich von nun an mein ganzes Leben hindurch vor Gott hintreten.

Heute habt ihr mich als Geweihten in eure Mitte aufgenommen. Ich sehe eure Freude; ich sehe, daß ihr darüber glücklich seid. Ich bin tief ergriffen von der Herzlichkeit, mit der ihr mich aufgenommen habt. Ich bringe euch heute die Kraft des Geistes, der direkt von Christus und über die Apostel durch den Bischof auf mich gekommen ist.

Brüder und Schwestern, laßt uns danksagen dem Herrn, unserem Gott! Denn, wenn ich heute als Priester vor euch stehe, dann ist das zuerst ein Werk seiner Gnade."

Am Schluß fügte ich hinzu: "Ich habe die Hand an den Pflug gelegt im Glauben an die Herrschaft Christi auch in unserer Zeit. Ich habe meinen Dienst begonnen in der Hoffnung auf die Hilfe des Herrn. Ich bin in seine Nachfolge getreten in der Liebe zum Volke des Herrn. Betet Brüder, daß seine Gnade mich alle Zeit begleite! Amen."

Man spricht zu solchen Anlässen gerne pathetische Worte. Aber wie hätte ich damals anders sprechen können, wo ich von all der Größe der Berufung selbst überzeugt war? Von der Herrschaft Christi auch in unserer Zeit predigte ich. - Ich meinte natürlich auch die Hierarchie, deren Teil ich nun selbst verkörperte. Ich war davon überzeugt, daß ich, unverdient zwar, essentiell und existentiell ein anderer geworden war, ein unauslöschliches Siegel trug, das mich von anderen Menschen unterschied.

Wie bin ich heute dankbar, daß ich all die mir widerfahrene Ehrung dem Hohenpriester Christus zuwies und eindeutig meine eigene persönliche Schwachheit und Nichtigkeit hervorhob! Aber das Volk versteht das nur als Redensart, es hält dich für einen Ausgesuchten, Erwählten, Erhabenen.

Wehe, wenn sie dich so hoch erhoben haben, wie tief kannst du dann stürzen! Ja, wie tief stürzt du dann, wenn du den in dich gesetzten Erwartungen nicht mehr entsprichst. Sie betrachten dich als etwas statisch Unverrückbares und Unwandelbares. Daß das Leben ein Lernprozeß ist, währenddessen sich jemand verändert, gilt für dich nicht!

Wer nicht lernt, ist tot! Aber als Priester darfst du dich nur wie Jesus verändern, hinsichtlich "Alter und Weisheit und Wohlgefallen vor Gott und den Menschen". (Lk 2,52)

Würde ich heute nocheinmal als Priester empfangen, dann würde ich predigen: "Ich will euch auf meine Weise dienen! Dafür danke ich Gott, daß er mir zum Dienst an euch ein deutliches Charisma gegeben hat! - Brüder, was die Geistesgaben betrifft, so will ich euch nicht im unklaren lassen ...

Es gibt verschiedene Gnadengaben, aber es ist derselbe Geist. Es gibt verschiedene Weisen des Dienstes, aber es ist derselbe Herr ... Dem einen wird durch den Geist die Gabe der Weisheit verliehen, einem anderen die Gabe der Erkenntnis gemäß dem nämlichen Geist; diesem die Wunderkraft, jenem die Prophetengabe, einem anderen die Unterscheidung der Geister, diesem die Sprachengabe, jenem die Auslegung der Sprachen. Das alles wirkt ein und derselbe Geist, der einem jeden zuteilt, wie er will". (1 Kor 12,2-11)

Noch immer verweile ich in meinen Gedanken bei meiner Weihemesse im Hohen Dom. Packend und erhebend sang der Domchor aus dem Oratorium "Elias" von F. Mendelsohn-Bartholdy:

"Er hat seinen Engeln befohlen über dich, daß sie dich auf den Händen tragen, daß du deinen Fuß nicht anstoßest an einen Stein, daß sie dich behüten!"[9]

Der Bischof gebrauchte bei seiner Ansprache an uns neugeweihte Priester die Anrede: "Meine lieben, neugeweihten Söhne". Er nannte es ein Sohnschaftsverhältnis besonderer Art, das durch die Handauflegung begründet würde, stärker als das, welches durch die Bande des Blutes entstünde. Schon zu seiner Bischofsweihe, als der Bischof zu seinem Selbstverständnis gefragt wurde, antwortete er, daß er gerne "Vater Bischof" genannt würde.

Als im Jahre 1967 das Rundschreiben Pauls VI. Sacerdotalis Caelibatus erschien, konnte er sich durch die Worte des Papstes bestätigt fühlen. "Mehr noch als Vorgesetzte und Richter seid ihr für eure Priester Lehrer, Väter, Freunde und gütige, mitfühlende Brüder, bereit zum Verständnis, zum Mitgefühl und zur Hilfe. Ermutigt auf jede Weise eure Priester zur persönlichen Freundschaft und zu vertrauensvoller Aufgeschlossenheit zu euch!"[10]

Nach meiner Weihe nannte ich die anderen Priester "Mitbrüder". Wir Priester und der Bischof sollten ein "heiliges Presbyterium", eine Gemeinschaft sein, die Geborgenheit schenkte, Sicherheit für alle Fälle des Lebens, nicht nur in den geistlichen, geistigen, sondern auch in den existentiellen bis hin zu den finanziellen Nöten.

So lange ich "im Amt" war, wiegte ich mich in dieser Sicherheit. Sogar eine eigene Bank stand zur Verfügung, die nicht nur der Diözesanverwaltung, sondern jedem Priester Rat und Hilfe in allen finanziellen Angelegenheiten angedeihen ließ.

In der Tat fühlte ich mich wohl und geborgen, wo überall Mitbrüder Gemeinschaft pflegten: im Gebet, in großen Versammlungen, in kleinen Kreisen, im Gespräch von Bruder zu Bruder.

"Daß du deinen Fuß an keinen Stein anstoßest ..." Als ob Gottes Versprechen bis in die letzten Bezüge des Lebens gelte, so wurde man gehegt und gepflegt, umsorgt, ja umschwärmt, bemuttert, behütet. Ich denke an die Zuneigung, Fürsorge und Liebe der Leute, mit denen ich ab meiner Priesterweihe und Primiz zu tun hatte. Unter den Primizgeschenken waren Socken, Handtücher, Bettwäsche, Wolldecken. Die Leute ereiferten sich, für mich in der Gaststätte die Zeche zu zahlen, wenn sie mich kannten. Das ereignete sich im Heimatort wie an den Plätzen meiner Wirksamkeit.

Ein geistlicher Freund sagte einmal: "Wenn ich noch fünf Pfennige in der Tasche habe, kann ich leben!" Und wie er leben konnte! Es gab ja fast keine Feier, bei der ich nicht zugegen war. Die religiösen Feiern: Taufe, Hochzeit, Erstkommunion, Begräbnis. Die weltlichen Feiern: Jubiläen, Konzerte, Gedenktage. Die familiären Feste: Geburtstage, Zusammenkünfte der Familienmitglieder, berufliche Abschlüsse. - Sehr oft war ich gerufen und gerne gesehen. Sogar Banken und Geschäfte erhalten durch den Priester den Segen der Kirche. Alle und jeder zierten sich gerne mit meiner Gegenwart.

Oft merkte ich es nicht, daß ich auf der falschen Seite stand, auf der Seite der Großen und Reichen, der Einflußreichen und Mächtigen. Nicht auf der Seite der Kleinen, Gedemütigten, Unbedeutenden.

Wie viele Menschen leisteten mehr als ich und wurden nicht in der Zeitung genannt. Viele sprachen weiser, und doch wurden sie von der Presse totgeschwiegen. Aus meinen Predigten wurden ganze Passagen zitiert. Ich sammelte aus der Zeit von sieben Jahren mehr als 100 Presseberichte, die auf Vorträge, Reden, Predigten von mir Bezug nahmen.

Ich sprach mit der Autorität der jahrtausendealten Kirche. Doch ich sprach oft mit solcher Überheblichkeit, mangelnder Differenziertheit und mit so wenig Lebenserfahrung, daß ich mich heute wundere, warum ich keinen Widerspruch fand.

Vielleicht aber drang es nur nicht bis zu mir vor, was die Menschen sagen wollten. Und was wollte mir dann schon passieren? Offenbar war Gott und sein Engel mit mir, und alles wandte sich zum Guten unter meinen Händen.

Was war es nur, das mir diese Sicherheit und Geborgenheit schenkte? War es der Glaube der Menschen an die essentielle Veränderung durch die Priesterweihe, das priesterliche Siegel, der treu verrichtete Dienst, der Einsatz bis zur Selbsthingabe, die mich zum "Mitbruder" und für diese Erhabenheit qualifizierten?

Nichts von all dem! Es war der Gehorsam und die Erfüllung des Gesetzes. "Versprichst du mir und meinen Nachfolgern Ehrfurcht und Gehorsam?" war die Frage des Bischofs, als ich ihm die Kerze als das Zeichen des Gehorsams darbot. "Promitto!" - "Ich verspreche es !" antwortete ich. Und es war mir ernst dabei ... Nichts von all dem nahm ich zurück, was ich oben gelobte. Auch den Gehorsam wollte ich bis zum Lebensende leisten. - Aber das Gesetz stellte ich in Frage, das "Grundgesetz", wie es Papst Paul VI. unzutreffend nannte, das Zölibatsgesetz.

Dann war alles sekundär, bedeutungslos, hinfällig. Dann fiel ich heraus aus diesem sozialen, mitbrüderlichen Netz. Dann war ich allein, verlassener als allein. Jetzt wurden die Steine sichtbar, an die man seinen Fuß anstößt. Jetzt war plötzlich der Engel nicht mehr da, der mich behüten wollte. Ja, es gab viele "Freunde" von früher, die mir Steine in den Weg schoben. Fußangeln legten sie mir, und sie meinten, es Gott schuldig zu sein.

"Mitbrüder" nannten mich jetzt den "Sehr geehrten Herrn". So stand es nun in den Schreiben an mich. Die meisten redeten gar nicht mehr mit mir. Bis auf ganz wenige, brachen sie alle Brücken ab.

Als mein Weihekurs das 10-jährige Priesterjubiläum feierte, luden sie mich nicht ein, weil ich doch nicht 10 Jahre Priester war. Welche Logik! Welche Verwirrung im Glauben! Bin ich nicht Priester auf ewig? - Oder glauben sie selbst nicht daran? Ich war auch zum 25-jährigen Priesterjubiläum nicht zugegen, mit ihnen das Ereignis zu feiern. Bestimmt hatten sie Angst, sie könnten sich durch meine Gegenwart in den Augen des anwesenden Bischofs kompromittieren.

Und der "Vaterbischof"? Konnte ich mit seiner Vatersorge auch in kritischen Tagen rechnen? - Nein, das konnte ich nicht! Alles war nur eine Redensart, vielleicht eine Absichtserklärung, mehr nicht!

Schon zwei Jahre vor meinem Scheiden aus dem kirchlichen "Amt" wurde die verhängnisvolle Distanz des Bischofs zu einem "Sohn" in der Not erschreckend sichtbar. Es wurde mir anerkannterweise an einem Dienstort vom Pfarrer ein Hundeleben bereitet. Ich wandte mich in meiner Verzweiflung mit der Bitte um Versetzung an das bischöfliche Ordinariat. Weil es mich abwies, stellte ich meinen eigenmächtigen Auszug aus dem Pfarrhof, notfalls aus dem "Amt" in Aussicht. Ich bat auch um ein Gespräch mit dem Bischof, weil ich die Haltung des Generalvikars für unverständlich hielt.

"Der Bischof beschäftigt sich mit diesen Sachen nicht!" hieß es, "die müssen auf der unteren Ebene ausgetragen werden!" Der Bischof ruhte zu Mittag und hörte nicht zu ruhen auf, obwohl ich fast zwei Stunden wartete.

In diesen langen Stunden verfestigte sich in mir das Gefühl, daß meine Sorgen dem Bischof egal sind. Hier war ein Markierungspunkt meines Konfliktes mit der Hierarchie. Hier bestand für mich eine Chance, eine Wunde im Entstehen zu heilen. Diese Chance wurde mir vom "Vaterbischof" verwehrt.

Nun rief das Trauma nach anderen Ärzten! Als ich zwei Jahre später von meinem Priesteramt lassen mußte, wollte ich dem Bischof immer noch keine so bedauerliche Interessenlosigkeit an seinem im Vertrauen erschütterten Sohn unterstellen. Aber die zurückliegenden 20 Jahre seit meinem Scheiden hörte ich nicht, daß der Bischof nach mir gefragt hätte. Oder hat es mir nur keiner ausgerichtet?

In den zwei Jahren meines Lehrerstudiums ließ er für mich zwar finanziell sorgen. Aber ein liebevolles Wort, ein Wort des Verständnisses, ein flüchtiger Gruß hätte mich mehr beglückt als die Alimente.

Mein Bischof wollte mit mir zur Besiegelung der Trennung und des immerwährenden Abschieds nicht länger als fünf Minuten sprechen. Er wußte doch, daß mir ein Gang in die Wüste bevorstand! Da war ich es, der ihn zwei Stunden lang bedrängte, während meine spätere Frau in einer Kirche "wachte und betete".

Nach mir empfing mein Bischof keinen heiratswilligen "Sohn" mehr. Alle gingen sie ohne seinen Segen. Ich aber ertrotzte zum Abschied seinen Segen. Er konnte ihn nicht verweigern, nachdem ich ihn forderte.

Aber ich hielt meinen Bischof seitdem für einen schlechten Vater. Ich glaubte oft, es ihm um seiner Seele willen mitteilen zu müssen. Ich meinte ihm sagen zu sollen, daß er in bezug auf seine von ihm gezeugten Söhne seine Pflicht verletzte.

Ich stand also vor der Tür. Jetzt gab es keinen Zugang mehr zu meinem einst bergenden Nest. Der Vogel war herausgefallen und die ehemals strapazierte ewige Verbindung schien nicht mehr zu existieren. Wie gut, daß ich noch beten konnte: "Gott, du bist ganz anders als diese, denn du bist immer noch bei uns!" Es war die Rettung für unseren Glauben, daß ich die wahre Kirche auch noch in ihrem garstigen Gesicht erkannte. Aber ich klagte oft: "Wie hat sie versagt, diese Kirche! Wie konnte sie die Menschen so verblenden, daß sie so unbarmherzig sind." Ich hatte das Empfinden, daß ich nach dem Motto dem geistlichen Siechtum preisgegeben war: "Wir haben ein Gesetz und nach diesem Gesetz muß er sterben!" Um meine Seele, um die Seelen meiner Frau und meiner Kinder sorgte sich über lange Jahre kein "Seelsorger" aus der Heimatdiözese mehr. Es gab "Seelsorger", die uns zu Armen Seelen machten, sie bereiteten uns das Fegefeuer, wenn nicht gar die Hölle.

Ich teilte es zweimal kompetenten Leuten meiner Heimatdiözese schriftlich mit, wie hundeelend ich mich vor der Türe fühlte. " ... Ich bin der kirchlichen Institution so weit entfremdet, daß ich oft versucht bin, mit einer anderen Religionsgemeinschaft Kontakt aufzunehmen, um der Sache Christi wenigstens einen Teil meiner Kraft widmen zu können ... Gewiß will ich niemand anklagen. Aber ich weiß bestimmt, daß heute mit mir alles anders stünde, wenn der Bischof, der mich geweiht hat, seine Pflicht erfüllt hätte: wenigstens ein bißchen Kontakt zu halten zu seinen ehemaligen Priestern, wie es nach der

Enzyklika Sacerdotalis Caelibatus und anderen Empfehlungen seine Pflicht war. Ich konnte seine Nähe und Sympathie noch nie spüren!"

Auf meinen Brief erhielt ich auch eine Antwort: "Ich habe jetzt mehr Zeit als früher, zum Beten, aber auch zum Grübeln und zum Nachdenken über das, was ich zu verantworten habe. Viel denke ich an alle, mit denen mich mein Dienst in der Seelsorge, im Seminar und am Ordinariat verbunden hat..."

So konnte ich nach fünf Jahren wenigstens registrieren, daß ich in den Gedanken eines von mir verehrten ehemaligen Vorgesetzten noch existierte.

Dem Nachfolger meines "Vaterbischofs" schrieb ich am Tag nach seiner Inthronisation: "Ich fühle mich heute stark erinnert an den Tag, als Ihr Vorgänger im Amt an der gleichen Schwelle stand wie Sie heute. Ich war damals ein junger Diakon, der am 29.6. des gleichen Jahres von ihm zum Priester geweiht wurde. Ich kann mich noch gut darauf besinnen, wie Ihr Vorgänger am Tag seiner Inthronisation vor dem versammelten Klerus auf die Frage, wie er am liebsten angesprochen würde, erklärte, daß er am liebsten "Vater Bischof" heißen möchte. - Das war damals die Verheißung eines guten Auftakts! - Sie selbst, sehr geehrter Herr Bischof, wünschten heute am Tag Ihrer Inthronisation, ein "Bischof aller" zu werden. Sie hielten es selbst für eine fast nicht zu bewältigende Zielsetzung, denn es ist eine Kunst, die niemand kann (allen Leuten recht getan). Aber immerhin bitte ich Gott für Sie, daß Sie in den Jahren, die kommen werden, immer die Kraft und Ehrlichkeit besitzen, Ihr Gewissen am Vorsatz des heutigen Tages zu messen.

Ich möchte es nicht als Vorwurf verstanden wissen, aber als Feststellung: Ihr Herr Vorgänger ist seinem damaligen Wunsch nicht immer froh gefolgt, wenigstens nicht in Beziehung zu Priestern meines Loses. Ich selbst habe während meines Dienstes als Priester leidenschaftlich Seelsorge für andere geboten, aber seitdem ich *meinen* Weg ging, war ich - wenigstens nicht registrierbar - für meinen "Vaterbischof" nicht einmal mehr ein Objekt der Seelsorge. Viele meiner Mitbrüder in meiner Situation denken, manche mit Verbitterung, manche mit Resignation , manche mit Gleichgültigkeit, aber manche auch mit Sorge für die Verantwortung des Herrn Bischof an das damalige große Wort vom Vater ... Ich habe, sehr geehrter Herr Bischof, am heutigen Tag an Sie den Wunsch, in irgend einer Form zu zeigen, daß wir trotz der erfahrenen oder erbetenen "Laisierung" Priester sind, die Gott einmal in seine Hand geschrieben hat, aus der sie nicht herausgeworfen wurden. Ob sie es sich eingestehen wollen oder nicht, viele von uns wollen wissen, daß sie nicht sind wie

"Judas, der den Herrn verraten hat" (P. Paul VI.), seine "Dornenkrone" (P. Paul VI.) oder "Leute, die keinen Glauben mehr haben"."

Der neue Bischof antwortete: "In der Mitte Ihres Briefes steht der Satz: "Ich schaue interessiert auf das Morgen". Der Satz hat mich gefreut. Sie sprechen offen von Ihrer existentiellen Situation als laisierter Priester. Erlauben Sie, daß ich Ihnen ebenso offen antworte. Ich bin mit Ihnen der Überzeugung, daß Ihre Lebensaufgaben nur nach vorne auf das "Morgen" hin zu lösen sind. Sie kennen das Wort von Hans Carossa, daß der, der Christus wirklich einmal begegnet ist, nicht mehr von ihm loskommt. Es gilt in viel höherem Maß von dem, der Christus als Priester begegnet ist. Ihr Lebensweg hat Wunden und Narben hinterlassen. Geheilt können sie nur von dem werden, von dem Johannes Paul II. in seiner Enzyklika "Redemptor Hominis" sagt: "Er hat sich in seiner Menschwerdung mit jedem Menschen verbunden". - Mich läßt dieser kurze Satz nicht los ... Ich muß an Josef Bernhard denken, der dieses Leben auf das "Morgen" hin verwirklicht hat und so vielen Wegweiser zu Christus geworden ist: wie Max Rößler es bezeugt in seiner Darstellung: "Rückblick auf jene, die Antwort wußten."

Sie haben dank Ihrer beruflichen Fähigkeiten eine beachtliche Position im Schulbereich mit weitreichenden Einflußmöglichkeiten inne. Ich möchte Sie herzlich bitten um Ihren hinführenden Dienst zu Jesus Christus, den Erlöser, nach J. M. Sailer, durch den unsere Zeitprobleme in der Erziehung und Bildung, aber auch in unserem persönlichen Leben lösbar sind. Wen ER vor der Auf- und Zuklammer, die Ihre Lebensfaktoren enthält, ein Pluszeichen setzt, dann liegt darin das Glück, das Sie am Schluß Ihres Briefes ansprechen. Wer die Mitte des Lebens erreicht, oder die Lebenswende überschritten hat, weiß, in welch "zerbrechlichen Gefäßen" wir das tragen, was jeder aus tiefstem Herzen ersehnt: angenommen, bejaht, gewertet, geliebt zu werden ..."

Dieser Brief schlug wenigstens wieder eine Notbrücke zu meiner Heimatdiözese. Die Zitierung Josef Bernhards, eines verheirateten Priesters, ist in gewisser Weise ein Bekenntnis zu Menschen unseres Loses.

DER ENGEL WURDE HINABGESTÜRZT AUF DIE ERDE (OFFB 12,9)

Da war Brigitta in mein Leben eingetreten! Es war 1964, als ich Kaplan in R wurde. Sie war meine Pfarrjugendführerin. Schon bei meinem Vorgänger war sie es. Jetzt wurde sie wieder gewählt.

Zunächst war unsere Beziehung rein offiziell. Wir arbeiteten gut zusammen und leiteten den größten Pfarrverband der katholischen Jugend unserer Diözese. Wir wußten, daß wir uns aufeinander verlassen konnten. Die Arbeit bewältigten wir hauptsächlich im Team mit noch ca. 30 anderen Führerinnen und Führern.

Privat lief da nichts! Brigitta verwahrt bis heute ein paar Briefe von mir, die ich ihr vor unserer Heirat schrieb. Es gab keinen Hinweis auf eine Liebschaft oder ein vertrauliches Verhältnis. Wir waren uns sympathisch, weiter nichts. Aber wenn man sich ständig sieht, wenn man miteinander im Auto unterwegs ist, wie die Lage und Arbeit es erbrachte, dann macht man gelegentlich unbedachte Bemerkungen. Eines ergibt sich da aus dem anderen.

So fragte ich Brigitta eines Tages, es war wohl im Frühjahr 1966, ob sie mir nicht einmal den Pfarrhaushalt führen wolle, wenn ich R verlasse. In vielen Jahren natürlich! Sie äußerte mir gegenüber einmal, daß sie in R nicht absterben werde.

Keineswegs war sie gleich Feuer und Flamme. Die "Pfarrerköchin" genoß ja nicht gerade das größte Prestige. Außerdem war das lebendig begraben sein, wie viele meinten. Aber auf Zeit könnte sie es ja einmal versuchen.

Für mich bedeutete der angekündigte Versuch die Aussicht auf ein eigenes Zuhause, auf die eigene dienstliche Zuständigkeit. Das war ein Ziel, das zwar noch keine festen Konturen trug, aber anzustreben war.

Ich kaufte schon einmal Geräte für den Haushalt: Töpfe, Porzellan und anderen Kram. Alles deponierte ich in Kisten auf dem Speicher im Pfarrhaus. Ich war ja auch sonst ein fürsorglicher Typ, meiner und fremden Familien gegenüber. Nicht wenige Schützlinge waren froh um meine Art. Bisweilen zog ich auch schon Brigitta in meine Sammeltätigkeit ein. Ich fragte sie nach ihrem Urteil, ob ihr dieses oder jenes Stück gefalle. So kamen wir uns auch privat schon etwas näher. Sie erschien gelegentlich bei mir im Pfarrhaus, ich besuchte sie auch zu Hause. Alles unter dem Blick und mit der Billigung des Chefs und des ganzen Pfarrhauses. Ich fand, daß alle wie ich selbst an der Sache Gefallen fänden.

Wie man sieht, hatten wir beide momentan keine unerwünschte Beziehung. War es totale Unerfahrenheit oder Selbsttäuschung, wenn wir glaubten, daß es dabei bliebe?

Natürlich blieb es nicht dabei! Wir wuchsen mit der Zeit innerlich zusammen. Wir empfanden uns als gute Freunde und dachten über eine gemeinsame Zukunft nach. Aber vor Gott wollten wir es recht machen, ganz im Sinne der Kirche. War doch da das Zölibatsgebot! Und Gott sollte gehören, was Gottes ist!

Wen wundert es, daß ich mir schon gelegentlich den Kopf zerbrach, ob denn Gott das Opfer des Zölibats überhaupt wollte. Über dieses Problem wurde doch gelegentlich auch schon laut nachgedacht. In der Presse, in der Literatur, sogar in Gesprächen mit Brüdern. Wer hält es nicht für plausibel, daß ich um so reger über die Frage der Notwendigkeit nachdachte, je mehr es mich nun schon zu Brigitta hinzog?

Brigitta war die andere Seite dieser Beziehung. Sie hielt es schon gar nicht mehr für so unwahrscheinlich, daß sie mit mir ziehen wollte, sobald sich mir die Möglichkeit der eigenen Haushaltsführung bot.

Darum spähte ich einstweilen schon angestrengt herum, wo sich eine Gelegenheit böte. Vorsichtig führte ich Brigitta auch in meine Familie eine. Ich nahm sie zuerst einmal mit ihrer Freundin mit mir zu den Eltern nach Hause. Ihnen war Brigitta recht sympathisch. Nur wegen ihrer blühenden Jugend hatten sie Bedenken. Sie war ja erst 22 Jahre alt und hatte noch keineswegs das übliche Alter.

Ich gab mir große Mühe, alle Einwände zu entkräften. Mir war ihre Jugend ja gerade recht und ich fühlte mich durch diese und ihren Charme stark beeindruckt. Ich schrieb sogar einen Brief an meine Eltern, in dem ich ihnen klar machte, daß es an Brigitta kein Vorbeikommen gab. Sie war es, die meine Zukunft mitbestimmte und sonst keine. Zur Feier des 60. Geburtstages meines Vaters wollte ich sie der breiteren Verwandtschaft vorstellen.

Auf der Rückfahrt nach R. tags darauf zu später Stunde, hatten wir beide eine sentimentale Phase. Es kam zu kleinen Zärtlichkeiten, die unsere Welt veränderten. Wie der Blitz aus heiterem Himmel hatte uns unsere Zuneigung überfallen. War dies sündhaft? Es war jedenfalls faszinierend! Doch nie sollte sich ähnliches wiederholen! Sonst wäre das keine Basis für eine gemeinsame geistliche Zukunft.

Überraschend bot sich mir die Chance, in T tätig zu werden. Dort wollte niemand hin! Wenn ich da einwilligte, bekam ich todsicher den Zuschlag. Ich brach zur Überraschung aller Leute in R meine dortigen Zelte ab. Ich sollte einen harten Posten bekommen, erfuhr ich vom Hörensagen, als Schleudersitz bekannt und verrufen. Aber ich wollte es beweisen, daß es möglich wäre, unter schwierigsten Verhältnissen in Frieden miteinander auszukommen.

Es war nicht nur ein Vorwand, daß ich meinen Eltern nahe sein wollte. Mein Vater war sehr krank, und die Familie befand sich in einer wirtschaftlichen Notlage. Darum brauchte sie meine Nähe und meine Hilfe. Schon nach ein paar Tagen rettete ich in der Tat durch mein entschlossenes Handeln meinem Vater das Leben. Er erlitt einen Herzinfarkt und nur durch mich allein kam schnelle Hilfe. Dies betrachtete auch mein Vater als Gottes Fügung und als ein Zeichen für meine richtige Entscheidung.

Jetzt waren Brigitta und ich allein, fremd unter einem fremden Dach, in fremder Umgebung, und wie sich zeigte, unter wirklich befremdlichen Umständen. Die Zeit an diesem verhängnisvollen Ort band Brigitta und mich seelisch und physisch zusammen. Wir schotteten unsere Welt drinnen ab vor dem gemeinen Draußen. Wir bauten uns eine eigene Welt auf, die anzutasten niemand wagen sollte!

Wie soll ich unsere eigene Welt nun bezeichnen? Es ist schwer zu bekennen, daß wir den Rubikon schon überschritten hatten. Ich sage es lieber mit den Worten aus einem Buch, weil diese Worte unser Verhältnis und unsere Situation treffend schildern:[11] "Gott führt uns im Laufe unseres Lebens immer wieder an Grenzen, vor denen wir als Menschen machtlos und ausweglos stehen."[12] Wie verstand ich meine Liebe zu Brigitta? Ich will sagen, was "ich liebe dich" für mich wirklich hieß: "Du hast den einzigen Platz in meinem Herzen. Du bist der Mensch, nach dem ich mich gesehnt habe, ohne den ich unvollkommen bin. Für dich will ich alles geben, hingeben, auch mich selbst. Für dich will ich leben und schaffen. Auf dich will ich warten, gleich wie lange ... Mit dir will ich immer Geduld haben. Dich will ich niemals zwingen, auch nicht mit Worten! Dir gegenüber will ich immer offen, aufrichtig, durchsichtig sein. Dich will ich behüten, bewahren. Auf dich will ich immer hören. Ohne dich will ich nichts unternehmen. Bei dir will ich bleiben allezeit."[13]

Unser äußerer und innerer Zustand läßt sich am besten mit einem weiteren Zitat ausdrücken. Es zeigt die Endgültigkeit unserer Bindung. Es galt: "Wir wissen nicht, wie es weitergehen soll, wovon wir leben sollen und wo wir leben sollen. Wir wissen nur eins: Jetzt sind wir Mann und Frau! Wir haben Vater und Mutter verlassen. Wir hangen aneinander. Wir sind ein Fleisch geworden."[14]

Damit waren wir für die Kirche oder die Öffentlichkeit noch kein "Fall". Wie wir wissen, gab es und gibt es viele gleiche Beziehungen. Heute nimmt die Zahl der von der kirchlichen Obrigkeit unbeachtet gebliebenen Beziehungen eher zu. Das wissen wir aus dem eigenen Bekanntenkreis und aus der Literatur.[15] Der Arbeitsmarkt bietet für ehemalige Priester kaum eine berufliche Chance. Die gegenwärtige Laisierungspraxis treibt die betroffenen Partner zudem in eine ausweglose Zwangslage.

Ein "Fall", ja ein Fall für viele wurden Brigitta und ich erst dann, als wir an das Werk gingen, unsere Beziehung zu ordnen und zu legalisieren. Als wir nach dem Urteil aller recht Denkenden korrekt wurden, begann unser Fall. Das war erst nach dem Ausscheiden aus dem Amt, zwei Jahre später.

Zunächst lebten wir nach einer großen äußeren Bedrängnis und vielen Enttäuschungen in der friedvollen Idylle von G. Als Expositus (Pfarrer) war ich dort hinversetzt worden. Die Welt hatte sich zu unseren Gunsten verändert. Brigitta hatte mein unabänderliches Versprechen, daß ich einmal alles ordnen würde. Wir wollten nur noch eine Weile warten, denn wir hofften auf eine Freistellung des Zölibats durch die Kirche. Alle Welt glaubte und hoffte es, nicht nur wir beide.

Aus dem Urlaub schrieb ich ihr folgenden Brief:

"Meine Brigitta,

wenn ich von Dir fort bin, bin ich mir sicher, daß ich ohne Dich nicht mehr leben will. Ich muß Dich in meiner Nähe haben, um froh zu sein, Du bist ein Teil von mir geworden.

Heute war ich wieder zur Beichte. Dem Beichtvater habe ich alles gestanden. Er war sehr verständig. Ich erklärte ihm, daß niemand von mir verlangen dürfe, Dich nicht mehr zu lieben. Ich werde mich zu beherrschen versuchen, aber lieben werde ich Dich immer. Der Priester hat mir nicht widersprochen. Denn ich meinte, daß es nicht gegen den Willen Gottes sein könnte, wenn man einander liebt. Eine Sünde wäre es, wenn man die Liebe vermissen läßt. Wir beide befinden uns in einer Notlage. Wenn es ginge, würden wir ja heiraten.

Ich warte mit Verlangen darauf, daß wir wieder zusammen sind. Der interessanteste Urlaub ohne Dich ist nichts und er kann nicht kurz genug sein!

Wie gerne würde ich hoffen, daß auch Du denkst und fühlst wie ich! Ich will mir Mühe geben, meine Leidenschaft zu bezwingen. Aber wir gehören für das ganze Leben zusammen."

Das Ende des Urlaubs kam wie das Amen in der Kirche. Brigitta und ich waren wieder glücklich vereint. Mit neuer Kraft gingen wir wieder an die Arbeit. Meine Eltern verbrachten zwei Wochen bei uns im Pfarrhaus. Sicher beobachteten sie die Szene genau und hielten gespannt Ausschau nach Verdachtsmomenten, die eine manchmal geäußerte Besorgnis rechtfertigten. Ob sie fündig wurden, erfuhr ich nie.

Wie schön für Brigitta und mich unser gemeinsames Leben auch war, so waren wir dennoch ständig in Angst und Sorge. Wir wollten uns niemand, auch keinem Arzt anvertrauen, um die Pille zu erbitten. Andere Wege wußten wir nicht. Was war dann, wenn Brigitta schwanger wurde? Nicht auszudenken!

In der Zwischenzeit hielt ich besorgt Ausschau, ob nicht der Tag nahe, an dem die Kirche dem Drängen vieler nachgibt. Ich griff nach jeder Seifenblase und nach jedem Strohhalm. Geredet und geschrieben wurde viel, aber was half mir das momentan?

Anton Antweiler, Professor an der Universität Münster, brachte unter dem Pseudonym "Catholicus" zwei Schriften heraus. Das erste Bändchen hieß "Um den Zölibat"[16], das zweite "Um die Kirche".[17] Ich verschlang sie gierig und begann darauf, mit Antweiler Briefe zu wechseln: "Mit existentieller Aufmerksamkeit", schrieb ich einmal, "studiere ich wieder und wieder Ihre beiden Bändchen. Ich unterschreibe jedes Ihrer Worte. Ich selbst bin nämlich ein Priester, dem die Sache unter den Nägeln brennt. Ich bin nun 34 Jahre alt, liebe meinen Beruf und besitze die Fähigkeit, ihn wirksam und überzeugend auszuüben. Ich habe aber persönlich große Schwierigkeiten. Ich nahm vor eineinhalb Jahren ein Mädchen (23 Jahre) als Wirtschafterin zu mir. Wir hatten von Anfang an den Vorsatz und den Willen, alles recht zu machen und das Gesetz zu erfüllen. Wir beteten sogar um Kraft, als wir die erste Zuneigung verspürten. Aber wir merkten, daß wir uns wundrieben, wenn wir immer nur auf Distanz gingen. Schließlich gaben wir unserem Drängen nach und rafften uns wieder auf. Wir beichten und "fallen". Wir können uns nicht trennen, ohne einander zu verraten. Wir hofften auf eine allgemeine Lösung des Problems als Folge des Konzils. Die Enzyklika zum Zölibat traf uns in das Herz. Aber wir hoffen weiter. Gewiß gäbe es den einzigen richtigen Weg, Schluß zu machen mit dem Amt. Aber da sind so viele Rücksichten zu nehmen und die Existenzfrage. Können Sie uns einen guten Rat geben! Ich bin Ihnen dankbar, wie immer er ausfällt. Sie können sicher sein, daß ich nur einen Rat, nicht aber ein Alibi für unser Gewissen suche. Der Fall ist für uns ja theoretisch klar! Praktisch aber macht er uns jedoch immer wieder unsicher. Ich weiß, vor Gott und vor mir selbst stehe ich immer ungeschützt und allein da. Aber das Wort von einem anderen ist oft heilsam."

Es dauerte eine Weile, bis Antweiler antwortete. Zunehmend kam ich zur Überzeugung, daß mir der einsame, persönliche Entschluß und die schwere Entscheidung nicht erspart blieb.

Ich schrieb einen Brief an meinen Bischof, sandte ihn aber nicht ab. Ich wollte ihn zwei Jahre aufbewahren. Wenn sich bei mir und in der Kirche bis dort nichts ändere, würde er abgeschickt. In mehreren Punkten versuchte ich, den Bischof davon zu überzeugen, daß meine Notlage vom traditionellen System verursacht war, und daß die Kirche der Not und dem Drängen so vieler verpflichtet sei.

Es dauerte keine zwei Jahre mehr! Die Ereignisse trieben unaufhaltbar einer Entscheidung zu. Für ein verabredetes Treffen mit Anton Antweiler blieb keine Zeit mehr. Darum schrieb er uns zum Weihnachtsfest und zur Jahreswende 1968/69, ein paar Tage vor unserem Weggang aus G, noch einen Brief:

"Lieber Confrater,

Sie haben sich nunmehr entschlossen, Ihren Weg zu ändern. Ich wünsche Ihnen dazu Kraft und Einsicht, und auch Verständnis und Hilfe, wo sie es brauchen.

"Du führst mich, Herr, von Jahr zu Jahr mit vollkommener Weisheit und mit größter Liebe. Jedes Geheimnis meines Lebens gereicht mir zum Besten, denn es kommt von Dir." (Kardinal Newman) Ich darf annehmen, daß Sie damit einverstanden sind, Ihre an mich gerichteten Briefe zu veröffentlichen, wenn ich jeden Hinweis auf Ort, Zeit und Person weglasse. Meine besten Wünsche begleiten Sie."

Brigitta und ich hatten bis hierher alles Kompromittierende in G oder sonstwo unterlassen. Wir waren uns bis zum letzten Tag sicher, daß kein Mensch einen berechtigten Anlaß fand, uns ein Verhältnis zuzutrauen. Wir hatten den starken Willen und wir schafften es auch, daß die Leute bei meinem Weggang der offiziellen Version von meiner Beurlaubung zum Weiterstudium Glauben schenkten. Sie waren den Berichten zufolge überrascht, als sie von unserer Heirat am 28. März 1969 hörten.

Das erst war der wirkliche "Fall" für sie und die Kirche. Die Vorgänge vom Tag meines Bekenntnisses vor dem Bischof bis zu meiner Heirat hielt die Kirche geheim. Ich selbst war gehalten, es ihr gleichzutun.

Mit unserer standesamtlichen Trauung waren die Würfel gefallen. Die Hetzjagd auf den gefallenen Engel konnte beginnen.

DIE VORGESCHICHTE, ODER WIE "DER STURZ" VERURSACHT WAR

Es ist so, daß alles im Leben, das Gute wie das Böse, seine Wurzeln hat. Sie reichen unsichtbar für den oberflächlichen Blick weit unter dem Boden herum. Die Früchte an einem Baum und er selbst wachsen vom Wasser und den Stoffen, die durch sie an die Oberfläche geführt werden.

Es wäre nachlässig, die Wurzeln und das, was durch sie bewirkt wird, außer acht zu lassen. So muß ich für meine Entscheidung, die freie Entscheidung, den Lebenskurs zu korrigieren, nach den Wurzeln forschen. Ich unterziehe mich dieser Aufgabe ohne Schuldzuweisungen, weil alle Ursachen wieder durch andere Wurzeln bedingt sind. Letztlich wird uns manches verborgen bleiben, was uns Menschen auf unsere Wege bringt. Gott allein weiß es.

Die Prägung durch die Familie

Seit meiner Kindheit, ja seit der Zeit meiner Wirksamkeit als Priester, vollzog sich in der Soziologie der Familie, in den für sie geltenden ethischen Normen, in den gegenseitigen Beziehungen, Abhängigkeiten, Regeln und Rücksichten ein Wandel, der dem Wandel der Gesellschaft gleichzusetzen ist. Dieser wiederum ist verursacht und geprägt durch Industrialisierung, Automation, Emanzipation, Zivilisation, Liberalisierung und Desorientierung.

Meine Erziehung in einem sog. christlich geprägten Elternhaus war vor allem auch bestimmt durch die Norm des vierten Gebotes: "Du sollst Vater und Mutter ehren, daß du lange lebest auf dem Boden, den Jahwe, dein Gott, dir geben wird". (2 Mos 20,12)

Das vierte Gebot zeigt die Pietät als grundlegende Verpflichtung für alles Leben in der Gemeinschaft, zuvörderst in der Familie auf. Den Eltern gebührt Gehorsam, weil sie Stellvertreter Gottes sind. In der Familie muß Ordnung sein durch Gehorsam, Sich-Einordnen, Sich-Unterordnen. Sonst gibt es Streit und Unfrieden.

Wenn ich einen Beichtspiegel aus meiner Kinder-und Jugendzeit mit einem solchen von heute vergleiche, entdecke ich erstaunt eine tiefgreifende Entidiologisierung der genannnten Norm. Ich finde z.B. eine Frage an die Eltern: Wie erfülle ich die Pflichten, die ich als Vater oder Mutter habe? Lasse ich den Kindern genügend Raum zur Entfaltung ihres Lebens? Oder setze ich ihnen unnötige Schranken? Versuche ich meine Kinder so zu erziehen, daß sie zu menschlicher und religiöser Reife kommen?[18]

In meiner katechetischen Arbeit benützte ich gerne das katechetische Handbuch von Barth. Als Beispiel für den Gehorsam der Kinder gegen die Eltern fand ich folgenden Hinweis: "Abraham sollte seinen einzigen Sohn auf dem Berge Moria als Opfer darbringen. Isaak sah ein, daß sein Vater Gott opfern müßte, ließ sich binden und auf das Holz legen".[19]

Ich stelle hier fest, daß ich selbst von dieser radikalen Gehorsamssicht geprägt war und daß ich mich heute noch nicht ganz aus ihr befreien kann. Das ist besonders den eigenen Kindern gegenüber mühsam zu korrigieren.

Diese Prägung beeinflußte meine Berufswahl und die Einhaltung des einmal anvisierten Zieles maßgeblich. Besonders die Rücksicht auf den kranken und alternden Vater hatte in dieser Hinsicht starken Einfluß. "Mein Kind, wenn die Sinne deines Vaters abnehmen, so halte es ihm zugute und verachte ihn nicht in deiner Kraft."[20]

Nun war meine Mutter, ich weiß nicht seit wann, von meiner Berufung zum Priestertum überzeugt. Jedenfalls glaubte sie an meine Auserwählung, seitdem ich an einer Spätberufenenschule zu studieren begann. Sie war wie alle frommen Mütter von Meinungen geprägt, die sich etwa in folgendem Gebet um gute Priester artikulierten:

"Laß die Eltern (der Priesterschüler) es erfassen, wie groß und unvergleichlich schön es ist, Dir Söhne zu schenken."[21]

In ihrer Sorge um meinen Beruf nahm meine Mutter an entscheidenden Punkten starken Einfluß auf meine Wege. Gewiß wuchs ich, wie schon gesagt, im Lauf der Jahre in meine Rolle hinein. Zeitweilig aber empfand ich sie innerhalb der 14 Jahre der Vorbereitung als auferlegt. Ich ergab mich öftere Male in mein Los und begriff diese Ergebung als das Kreuz, das Gottes Wille war. Später und auch immer wieder dazwischen hinein sublimierte ich alles als Berufung und kam schließlich zur erwarteten Entscheidung.

Meine Mutter war in der Familie die prägende Kraft. Sie hatte diese Rolle der Mutter im eigenen Elternhaus erlebt. So beanspruchte auch sie ab ihrem ersten Ehejahr die Hegemonie. Mein gutmütiger Vater fügte sich um des Friedens willen. Ich kann mich nur an einige wenige Autonomieanstrengungen seinerseits erinnern.

Was meinen Beruf betraf, übernahm meine Mutter fortschreitend die Rolle des Wächters: "Verleihe Lehrern und Erziehern Licht und Kraft, in ihren jungen Herzen Deine Berufung sorgsam zu pflegen, bis der Tag kommt, an dem sie mit glühendem und reinem Herzen zu deinem Altare emporsteigen."[21] So lautete die Pflicht für sie!

Ich erinnere mich, wie meine Mutter in einigen Mädchen, die an mir Interesse zeigten und die ich verehrte, die eigentliche Gefahr für den Beruf, den Stolperstein, den Fallstrick wähnte. Eine Frau in meinem Leben - so etwas hielt sie für ausgeschlossen!

Ein Außenstehender hält es für unbegreiflich, wie eine von Kindesbeinen an derart wirkende mütterliche Autorität bestimmend prägen kann. Natürlich muß der Ummutterte das geeignete Objekt sein, daß er sich so fügt. Ist er es, dann fügt er sich vielleicht auch um des Friedens willen.

Ich bin mir sicher, daß meiner Mutter ihre Art und Handlungsweise nicht bewußt war. Sie handelte aus Intuition und fehlerhafter frommer Prägung. Darum weise ich meiner Mutter keine Schuld zu, und ich bin weit davon entfernt, meine Kurskorrektur mit dem Hinweis auf die Mutter zu entschuldigen. Es war nun einmal im Jahre 1968 für mich die Erkenntnis gereift und die Kraft vorhanden, daß ich meinem Leben eine andere Richtung gab.

Mein Vater nahm auf meinen Weg zum Priesterberuf keinen direkten Einfluß. Aber immer bedeutete es in der Geschichte der hierarchisch strukturierten Kirche und in der von ihr geprägten Gesellschaft einen sozialen Aufstieg für die Söhne kleiner oder armer Leute, einen Vorstoß in die Schicht der Herren, wenn sie Priester wurden.

Mein leiblicher und geistlicher Urahn Leonhard Kraus (*1526 zu Dittenfeld, Herzogtum Pfalz-Neuburg) wurde 1551 in Augsburg zum Priester geweiht. Schon im Jahre vorher wurde er im nahen Markt Rennertshofen zum Pfarrer bestellt. Damit war er der Herr auf dem Pfarrpfründehof von Dittenfeld. Seine Nachbarn waren sein Vater Jörg und seine Brüder auf den angrenzenden Huben. Diese alle aber waren Leibeigene und Zehentleute des Klosters Kaisheim und des Domkapitels von Augsburg. Der Sohn bzw. Bruder war bis zu dessen Vertreibung durch die Reformation Freier neben den Unfreien seiner Familie. Als Pfarrer und Dekan erreichte er eine für seine Familie vorteilhafte Position.

In dieser Hinsicht änderte sich über die Jahrhunderte nicht viel. Die Befreiung aus der Knechtschaft war in unserem Jahrhundert nicht mehr aktuell. Aber - war ich erfolgreich am Ziel, bedeutete das eine Aufwertung meiner ganzen Familie. Versagte ich vorher, oder überlegte ich es mir anders, bedeutete es eine kollektive Schande für sie. Insofern war mein Beruf für meinen Vater keine Belanglosigkeit.

Es war für meinen Lebensweg zudem verhängnisvoll, daß mein Vater frühzeitig kränkelte und sozial nicht genügend abgesichert war. Ich stand immer unter dem Eindruck der von mir wie oben erwähnten Interpretation des vierten Gebotes: "Den Eltern gebührt Liebe, weil sie unsere Wohltäter sind. Unsere Eltern haben uns das Leben geschenkt und viel Gutes getan."[22] "Wenn die Eltern alt und krank werden, sollen die Kinder sie nach Kräften pflegen und unterstützen. Wahre Liebe und Dankbarkeit offenbart sich in der Not."[23]

Um diesen Aspekt der Vorgeschichte meines Priesterberufes und meiner Neuorientierung abzuschließen, darf ich bekennen, daß ich dieses auf mich und in mir machtvoll wirkende Welt- und Heilsbild meiner Kirche und meiner Mutter mit meinen Kräften nicht zerbrechen konnte. Außerdem konnte ich dem von mir sehr geliebten Vater durch die Schande des Absprungs das Herz nicht brechen. Ich mußte ihn vielmehr unterstützen, so lange er lebte.

Weil ich mir selbst oder irgend jemand anderem dieses Motiv nie eingestand und ich mir eine Menge anderer Beweggründe zurechtgelegt hatte, darum konnte ich am 18. Mai 1961 mit gutem Gewissen jene schriftliche Erklärung abgeben:

"Ich Unterzeichneter habe meinem Bischof ein Gesuch um Zulassung zur Subdiakonats- (Diakonats-, Priester-) Weihe unterbreitet. Da nun die heilige Weihe bevorsteht, bezeuge ich nach reiflicher Überlegung vor Gott, mit eidlicher Versicherung zunächst, daß ich unter keinerlei Nötigung oder Gewalt, noch unter irgend einem Druck von Furcht beim Empfang dieser höheren Weihe stehe, sondern nach ihr aus ganz freien Stücken verlange, und ich mich mit voller Freiheit des Willens weihen lassen will, da ich mich von Gott dazu in Wahrheit berufen weiß und fühle."

Zudem begehrte ich den priesterlichen Dienst vorbehaltlos, obwohl ich an der zölibatären Lebensform nie einen Geschmack finden wollte.

Die Erziehung im Seminar

Ich fühlte mich im sog. Knabenseminar keinen Tag wohl. Meinen Aufenthalt dort über acht lange Jahre empfand ich als eine permanente Geduldsprobe. Als "Spätberufener" war ich meinen Klassenkameraden altersmäßig z.T. um vier Jahre voraus. Es wurde mir trotzdem nie erlaubt, mit jungen Menschen gleichen Alters aus den höheren Klassen zu verkehren. Die Pausen- und Spielhöfe der Unter-, Mittel- und Oberklassen waren getrennt. Nicht einmal die Räume der fortgeschrittenen Klassen durfte ich betreten. So wurde mir die Freiheit in unerträglichem Maße beschnitten.

Bekanntschaften mit Mädchen waren ausgeschlossen. Auch nur flüchtige Kontakte oder Bekanntschaften wurden verhindert. Wenn solche aufgedeckt wurden, wurden sie strengstens, meistens durch Entlassung geahndet.

Auch während der Ferien unterlag man einer strengen Kontrolle. Über den Umgang und das Verhalten während dieser Zeit mußte der Heimatpfarrer ein "Ferienzeugnis" erstatten. Darin befanden sich sogar Fragen über die Lebensgewohnheiten von Eltern und Geschwistern.

So fand ich mich in der persönlichen Entfaltung stark beeinträchtigt. Das "Kleine Seminar" empfand ich immer als das Grab meiner Jugend.

In dieser Zeit konnte man sich nicht sicher sein, daß die einmal eingeschlagene Richtung der Ehelosigkeit frei verlassen und ohne Schaden korrigiert werden kann. Die bewußte oder leichtsinnige In-Gefahr-Stellung der priesterlichen, sprich zölibatären Berufung, deklarierte man als Versagen, wenn nicht gar Sünde. Die Pflicht, dem Rufe der Virginitas (Ehelosigkeit)

Folge zu leisten, wurde überbetont, oft sogar mit dem Hinweis auf den Verlust des ewigen Heiles.[26]

Nur wenn man zu unbegabt war, den Anforderungen der Studien zu genügen, gab es einen einigermaßen glimpflichen Abgang. Allerdings haftete an diesem bedauerlichen Menschen dann langezeit das Odium der Dummheit oder Unfähigkeit. In diesem Falle sagte man dann üblicherweise: "Bei dem hat es nur bis zum Lehrer gereicht!" (Damals war für das Lehrerwerden kein Abitur nötig.)

In einem Aufsatz von Dr. J. P. Michael mit dem Titel "Der Geist und die Angst" las ich: "Unsere Pastoral versteht etwas von der Angst des Menschen. Sie hat fleißig damit gearbeitet: Angst vor dem Tod und was danach kommt, Angst vor dem richtenden Gott, Sündenangst. Sie brachte Heilige hervor und vertrieb einen Luther aus der Kirche. Der namhafte Priesterarzt Marc Oraison, ein gläubiger und weiser Zölibatär, erzählte in seiner Biographie "Dickschädel"[24], wie er 1953 im Heiligen Offizium von den Kardinälen Ottaviani und Pizzardo gemaßregelt wurde. Sie hielten ihm vor, die Grundlage einer guten Sexualerziehung sei die Furcht vor der Hölle: "Für die Reinheit im Priesterseminar braucht man Angst und Schrecken, Spaghetti und Bohnen."[25]

Gewiß waren solche Auswüchse und solche Fehler in der Erziehung nicht überall anzutreffen. Aber eine ganze Reihe meiner Seminarvorstände waren und sind mir der Inbegriff der Prüderie.

Damit ich mich nicht dem Verdacht aussetze, ich selbst und alleine hätte eben in subjektiver Einseitigkeit eine so schlechte Erinnerung an meine Seminarzeit, zitiere ich aus einem Brief, den mein viel jüngerer Cousin aus einem anderen Seminar an mich, damals Pfarrer in G, schrieb. Er meinte, sich vor mir rechtfertigen zu müssen, weil er das Seminar verlassen wollte. Heute ist er Familienvater und von Beruf Lehrer.

"Aber jetzt zu etwas anderem," schrieb er, "Du entsinnst Dich: Seminarist und Freundin! Ich kann Dir sagen, daß ich keine Freundin habe ... und auch keinen Kontakt zu anderen Mädchen. Aber manchmal sage ich mir, da stimmt doch etwas nicht, da geht doch etwas ab. Wir haben in unserem Stenokurs vier Mädchen. Obwohl wir nun schon ein halbes Jahr beisammen sind, kennen wir uns noch nicht einmal richtig. Ja vom Reden miteinander steht überhaupt nichts drin. Ich glaube, die müssen uns für Vollidioten halten ... Daß ich kein Priester mehr werden will, hängt sicherlich auch davon ab, daß ich sehr in Glaubensschwierigkeiten stecke. Ich könnte zwar zu einem Pater gehen. Aber wenn man einmal ein Problem aufwerfen will, dann weicht er einfach aus. Hat man ihn aber einmal so weit gebracht, daß er mit uns über eine Sache spricht, dann betont er, daß bei den wichtigen Entscheidungen der Heilige Geist mithilft, und die Kirche folglich keine Fehlentscheidungen treffen kann. Alles ist somit richtig, und man darf nur der Meinung sein, die er vertritt.

Verzeihe..., aber einmal muß ich mir ja Luft machen. Zu Hause kann ich es aber nicht, weil sich die mit solchen Problemen noch nie befaßt haben und sie mich sicher in vielen Dingen auch nicht verstehen. Hier will ich mit keinem reden. Es ist vielleicht dumm von mir, aber davon bringt mich niemand ab. Mit unserem Chef kann man ja sowieso nicht richtig reden..."

Wir spüren, welch qualifizierte "Priesterbildner" hier am Werk waren. Dabei lebte dieser junge Mensch schon in einer liberalen und aufgeklärten Zeit. Ich selbst wuchs vergleichsweise noch im finsteren Mittelalter als Priester heran. (1948 - 1962)

Im "Großen Seminar", dem sog. Klerikalseminar war es anders. Aber da war der Zug schon abgefahren. Eine Kurskorrektur war ohne schweren Schaden nicht mehr auszudenken. Dort fand ich mich in die unausweichliche Lage und akzeptierte sie gehorsam als den Willen Gottes für mich.

Der unerwünschte Zölibat

Auch andere hörte ich sagen: "Das Priesteramt habe ich bis zuletzt geschätzt, geliebt, gerne ausgeübt; den Zölibat aber habe ich nie bejaht sondern nur "geschluckt"!

Auch mir bedeutete er eine bittere Pille, wie ich aus vielen Eintragungen im Tagebuch erkenne. Gewiß fand ich "meinen Zölibat" von Anfang an für riskant, aber ich hatte mit mir die Erfahrung gemacht, daß ich alles erfolgreich beende, was ich mit starkem Willen anstrebe. Ich war zuversichtlich und guten Willens.

In den Weiheexerzitien empfahl der Regens als klärende Lektüre zum Verständnis der Zölibatsverpflichtung das Buch "Der Zölibat des Priesters" von Wilhelm Bertrams.[26] Sonst gab es zu diesem Punkte nichts zu sagen.

Ich besitze dieses Buch heute noch, und es ist immer noch nicht dazu geeignet, mir mehr Klarheit zu vermitteln als damals. Man wußte also gar nicht recht, welcher Art Verpflichtung und Bindung man mit dem Zölibat übernahm. In der Theologie war das Problem stark diskutiert, aber nicht geklärt.

Die *Gelübdetheorie* besagte, daß der Gelobende sich aus eigenem Willensentschluß der Freiheit, eine Ehe einzugehen um der Liebe zum Herrn willen für immer begibt.

Die *Gesetzestheorie* aber bedeutete, daß der Zölibat in seinem Sinngehalt als innere Hingabe an den Herrn nicht recht gesehen wird. Der Zölibat wird hier nicht zur Ganzhingabe, weil er das persönliche Geschenk seiner selbst an Gott ausschließt. Sogar ein halbes Ja zum Zölibat wird so gerechtfertigt. Er wird dann aber immer als lästige Pflicht empfunden, wenn er als Kirchengesetz verstanden wird.

Als dritte damals kursierende Version füge ich die sogenannte *Eidestheorie* an, die aber Bertrams in seinem Buch erst gar nicht erwähnt. Sie besagt, daß der Kandidat in einer schriftlichen Erklärung vor dem Empfang der Subdiakonatsweihe dem Ordinarius das Versprechen der Ehelosigkeit unter Eid gegeben habe.

Zur Erhellung dieses Falles füge ich den diesbezüglichen Wortlaut der "*Erklärung*", die ich unterschrieb, im Originaltext an. Sie befindet sich in meinem Besitz, weil ich den seinerzeitigen ersten Entwurf durch einen Tintenklecks verunstaltete. Ich erbat ordnungshalber ein zweites Formular.

"... Ich bekenne, Kenntnis zu haben von allen Verpflichtungen und Bürden und den sonstigen aus dieser Weihe sich ergebenden Folgen, die ich aus freien Stücken auf mich zu nehmen den ernsten Willen habe, mit dem festen Vorsatz, all diese Pflichten während meines ganzen Lebens mit Gottes Hilfe sorgfältig zu erfüllen und zu halten.

Im besonderen bekenne ich hiermit, mir des Zölibatsgesetzes in seiner ganzen Tragweite voll bewußt zu sein und nehme mir fest vor, es gerne zu erfüllen und mit Gottes Hilfe bis ans Ende unverletzt zu halten.

Endlich gelobe ich aufrichtig nach Maßgabe der heiligen Kanones in willigem und freudigem Gehorsam alle Vorschriften meiner Vorgesetzten und Forderungen der Kirchenzucht zu erfüllen, bereit, ein tugendhaftes Beispiel in Tat und Wort zu geben, um so würdig zu sein, von Gott für die Übernahme eines so schweren Amtes belohnt zu werden.

Das verspreche, das gelobe, das beschwöre ich, so mir Gott helfe und seine heiligen Evangelien, die ich mit eigener Hand berühre."

Die Ausdrücke, die verwendet werden, schließen auch nach der Auffassung der Kirche selbst und von Lehrern des Kirchenrechts einen Eid aus. "Erklärung", "Zölibats*gesetz*", "geloben", "Forderung der Kirchenzucht" umschreiben den Sachverhalt eindeutig. Die Schlußbemerkung ist eine oft verwendete, stereotype Formel, die ein feierliches Versprechen bekräftigen soll.

Überhaupt erklärt der Kandidat nur, daß er sich der Tragweite des Zölibatsgesetzes voll bewußt sei und daß er sich vornehme, ihn gerne zu erfüllen und unverletzt zu halten.

Nachdem die Kirche selbst die Eid- und Gelübdetheorie in allen jüngeren Erklärungen nicht stützt, spricht sie demgemäß auch bei der Verletzung der Erklärung nicht von einem Eidbruch oder von dem Bruch eines Gelübdes, sondern von einem Treuebruch.

In der Enzyklika "sacedotalis caelibatus" wird erklärt, daß die Verbindlichkeit des Zölibats nicht durch göttlichen Anspruch begründet werden kann, sondern daß er dem Priesterberuf nur angemessen sei:

"Sicher ist, wie das II. Vat. Konzil erklärt hat, die virginitas (=Ehelosigkeit) "nicht von der Natur des Priestertums gefordert, wie sich aus der Praxis der Urkirche und der Tradition der Ostkirchen ergibt", aber dasselbe Konzil hat keinen Zweifel gehegt, das bestehende, alte, heilige, providentielle Gesetz des priesterlichen Zölibats feierlich zu bekräftigen."[27]

Diese Überlegungen grundsätzlicher Art stellte ich an, um den Fall theoretisch und allgemein aufzuhellen. Für meine eigene Person stellte sich der Fall am Tag meiner Weihe eindeutig folgendermaßen dar, und das allein zählt für mich:

Ich glaubte fälschlicherweise wegen aller erhaltenen Informationen und der herrschenden Doktrin während meiner ganzen Ausbildung, daß der Zölibat vom Wesen des Priestertums her gefordert sei. Ich befand mich in einem unverschuldeten Irrtum: Willst du Priester werden, dann willst du den zölibatären Priesterstand. Du mußt die bittere Pille um des Priesterberufes willen schlucken. Siehe: Petrus verließ alles, auch seine Frau, und folgte dem Herrn! (Man beachte die falsche Exegese!)

Ich erinnere mich genau, daß ich aufgrund der gängigen Theorien nicht wußte, was es war, was ich da auf mich nahm: einen Eid, ein Gelübde oder ein Gesetz oder was auch immer sonst. Gegen beide ersteren setzte ich willentlich einen eindeutigen Obex (=Vorbehalt). Ich übernahm den Zölibat als eine nicht geliebte Berufsverpflichtung.

Eigentlich wollte ich den Zölibat überhaupt nicht. Ich wollte das Priesteramt und den priesterlichen Dienst. Hätte ich ein verheirateter Priester werden können, wäre ich ein solcher geworden.

Als Priester verfolgte ich den Gang des Konzils aufmerksam und interessiert! Die Erklärung zum Zölibat war für mich wie eine Offenbarung.[28] Ab da hielt ich mich um das halbe Leben betrogen! Ich fühlte mich schließlich an ein Versprechen, das unter falschen Voraussetzungen abgefordert wurde, nicht mehr so gebunden wie vorher.

Die Betriebsamkeit und der Verlust der Mitte

Es fiel mir schon immer schwer, ja es ist mir fast unmöglich, irgendwann einmal zu pausieren. Ich fühle mich für meine Zeit immer verantwortlich. "Nulla dies sine linea!" - Kein Tag ohne eine bedeutsame Tat oder gar Aktion!" - Das war die Maxime, nach der ich erzogen wurde.

Wenn ich mich unter den von Michael Pfliegler in seinem Buch aufgeführten Priestertypen suche, finde ich mich mit dem Typ verwandt, den er den "Organisator" nennt[29]:

"Ihr Kennzeichen ist das Organisationstalent. Meist klarsehende, herrscherliche Naturen. Die Gründer und Organisatoren der großen katholischen Verbände gehören hierher. Sie haben etwas Feldherrnmäßiges. Und sie fügen sich gut in das Gefüge der Kirche und diese anerkennt sie auch."

Ich kann nicht alle außerordentlichen Aktivitäten meiner relativ kurzen Seelsorgszeit schildern. Aber einige führe ich dennoch an. Als Kaplan in L war ich Kolpingspräses, Jugendkaplan, Gründer einer heute noch blühenden Landjugend. Dieser verhalf ich durch starkes Engagement in den zwei Jahren meiner dortigen Wirksamkeit zu einem Jugendheim. Auch eine Laienspielgruppe rief ich in das Leben und stattete sie mit allen nötigen Mitteln aus. Sie ist heute noch mit großem Erfolg aktiv.

Als Kaplan in R war ich Präses einer sehr rührigen Kolpingsfamilie, betreute ca. 20 Jugendgruppen, von denen ich die Hälfte neu errichtete, organisierte einen Tischtennisclub, einen Spielmannszug und wieder eine Theatergruppe. Zusätzlich wurde ich zum Dekanatsjugendseelsorger des Dekanates ernannt und führte zwei Gruppen der CAJ ein. Meine Jugendarbeit in R wurde für die ganze Diözese öftere Male als beispielgebend gerühmt.

Als Kaplan in T rief ich eine Kolpingsfamilie ins Leben, baute mehrere Jungen- und Mädchengruppen auf, einige vorhandene betreute ich weiter und machte mich für die CAJ stark. Mit meiner Vorstellung von Pflicht und Aktivität brachte ich einige eigentlich Pflichtige in Verlegenheit, Zugzwang und leider auch Rage.

Als ich zuletzt Pfarrer in G war, kümmerte ich mich um einen blühenden Jugendbetrieb, führte ich einen Ortsverein des katholischen Frauenbundes ein, war ich Präses des katholischen Werkvolkes. Außerdem baute ich den Innenraum der Kirche nach den Bedürfnissen der Liturgie um. An überregionalen Aufgaben übernahm ich das Amt des Bezirkspräses der Kolpingsfamilien eines weiträumigen Gaues. Zum Schluß wurde ich von der Diözesanführung des Bistums noch gebeten, mich als Dekanatsjugendseelsorger des neuen Dekanates zur Verfügung zu stellen.

Neben diesem allen und der ordentlichen Seelsorgsarbeit hielt ich wöchentlich um die 20 Religionsstunden in allen Schularten und war als Prediger zu vielen Festlichkeiten auch außerhalb der mir zugewiesenen Bezirke gefragt.

Manchmal hatte ich Angst vor der eigenen Courage. Ich mußte immer noch etwas "aufziehen", zur Ehre Gottes natürlich und für das Leben in der Kirche.

Heute finde ich bestätigt, was Ottilie Moßhamer sagt:

"Die bloße Aktion ist eine Gefährdung des Seelsorgers und der Seelsorge, die Attraktion, von denen die eine die andere ablösen muß, damit immer etwas "los" ist. Es mag sehr viel Eifer dahinter sein, aber ebenso viel Ungeduld und Eitelkeit. Auch hier steigt die Versuchung aus der Natur des Mannes auf: er ist eingestellt auf den Erfolg. Er will Zahlen, Zeitungsberichte, Statistiken und auch Belobigungen für gute Abschlüsse."[30]

Es läßt sich denken, daß ich bald zum Abwurf anstand. Keiner kann ständig geben ohne zu empfangen. Wer ständig ausgibt, verausgabt sich und wird innerlich leer. Aber du wirst von außen zu immer noch größerer Aktivität angetrieben, wenn du als Aktivist aufgefallen bist.

Die Einsamkeit und das Ghetto

Wie war es möglich, daß ein Mann einer derart extremen Betriebsamkeit einsam war? - An den großen Feiertagen, wenn der lange Beichtstuhl zu Ende war - damals hörte man vier bis fünf Stunden an Stoßtagen die Beichte - wenn andere Leute in ihrem Zuhause Geborgenheit und Ruhe fanden und vor allem einen Partner, dem sie ihre Bedürfnisse und Sorgen anvertrauen durften, und ein wenig Wärme und Zuneigung spürten, da war ich dann allein in meinen vier Wänden.

An manchen Werktagen saßen mein Chef und ich in R nach getaner Arbeit noch eine Weile in der Küche und plauderten. Das war erfrischend und wohltuend. Aber in der Regel hatte jeder mit seiner eigenen Müdigkeit zu kämpfen und für den anderen nicht genug Zeit.

Ich wollte auch endlich für mich einen Bereich, wo ich mein eigener Herr war. Ich fühlte mich mit 33 Jahren lange genug abhängig und immer mußte ich mit dem zufrieden sein, was andere Leute mir boten. Ich wollte ja nie aufdringlich oder fordernd sein. Ich nahm alles so hin, wie ich es vorfand. Letztlich hatte ich auch eine Menge Probleme mit mir selbst und mit meiner Familie zu Hause. Wem wollte ich mich mit allem anvertrauen?

Ich verkehrte täglich mit vielen Frauen und Mädchen, aber sie gehörten immer einem anderen. In deren Bereich hatte ich nichts verloren. In gewisser Weise empfand ich Neidgefühle, das Gefühl der Verarmung. In meiner Leere war Gott nicht so gegenwärtig, daß er sie ausfüllte, wenigstens nicht mehr in den letzten Jahren.

In diese Leere traf der Blick oder das verstehende Wort eines Mädchens oder einer jungen Frau wie Öl auf eine Wunde. Es war vielleicht, ja sogar sicher ein Fehler, in dieser Not Trost bei Frauen zu suchen. Es war aber nichts und niemand so geeignet wie sie.

Meine Einsamkeit war für mich schwer ertragbar. Sie stand als Sog für jede Lösung bereit. Es gibt nämlich eine Müdigkeit, die der Verstand und das Gewissen fast nicht mehr vernehmen kann. In dieser Müdigkeit und Depression fühlte ich mich verlassen, ausgenützt, vom Leben ausgesperrt.

Ich suchte die Frau zunächst nicht aus sexuellen Motiven. Als Partner suchte ich sie. Aber ich hatte mich selbst nicht genug ausgelotet, um zu wissen, wie weit ich zu einer rein geistigen Partnerschaft fähig war.

In der Zeit meiner Ratlosigkeit, als sich gerade eine Lösung abzeichnete, schrieb ich in das Tagebuch: "Das Problem "Frau" ist in mir immer noch nicht zur Ruhe gekommen. Ich bemühe mich um Brigitta. Sie soll mir einmal den Haushalt führen. Aber soll sie das wirklich? Oder bin ich in sie verschossen? Gebe Gott uns Kraft und verhindere ein Ärgernis."[31]

An anderer Stelle bemerkte ich: "Bevor ich Brigitta in zwei Jahren zu mir nehmen darf, muß in mir manches erst einmal zur Ruhe kommen. Sie ist ein prima Kerl. Ich meine, mit ihr müßte ich haushalten können. Es ist ja nicht gleich heute."[32]

Es war aber schneller als erwartet! Ich hatte die Nähe einer anmutigen Frau vorher nie erfahren, noch nie wie damals, als ich begann, mit Brigitta unter einem Dach zu leben, damals als Kaplan in T.

Nun kam unglücklicherweise dort eine massive äußere Bedrängnis auf uns zu. Um uns herum war Niemandsland, ja man kann sagen feindliches Land. Gemeinsam kämpften wir um das Überleben. Ja, Brigitta und ich gemeinsam, weil wir gemeinsam betroffen und getroffen waren.

So schufen wir uns einen sicheren Zufluchtsort, ein Heim, eine Intimspähre sozusagen, wo uns das Draußen nichts mehr anhaben konnte. Wir hüteten unseren Bereich, wir schirmten ihn vom Draußen ab. Wir zogen Grenzen, die es zu respektieren galt.

Das ist aber schon sehr exklusiv, das ist schon fast die Schwelle, die nicht ohne Gefahr überschritten wird. Jenseits der Schwelle gibt es kein Halten mehr. Für uns jedenfalls gab es kein Zurück. Ab da war ich nicht mehr ich allein, ab da waren wir nur mehr wir zwei.

Gewiß, ich war Priester, aber ich war als solcher kein Neutrum, ich war ein Mann. Brigitta war kein Neutrum, sie war eine Frau. Brigitta hatte offensichtlich auch den Dienst, den sie antrat, noch nicht bis zu Gott sublimiert. Sie wollte mir behilflich sein und mir dienen. So war sie von vorne herein auf meine Person eingestellt und nicht auf Gott und die Gemeinde. Dort war für sie auch kein Platz. Diesen Platz hütete eifersüchtig eine andere. Diese glaubte, ihre älteren Rechte verteidigen zu müssen. Wie schmal wird die menschliche und gesellschaftliche Basis, wenn man mit jedem Schritt an Grenzen stößt!

So viel Mißgunst schnürte uns die Luft ab. Brigitta und ich waren in der Tat schutz- und trostbedürftig. Das waren wir noch nie in unserem Leben. So etwas bindet zusammen. Wir besaßen noch kein Instrumentarium, einer solchen Krise zu begegnen. Einem Forum außer uns wollten wir uns nicht öffnen.

An dieser Stelle halte ich eine Weile inne, um die Umstände und Personen zu skizzieren, die unsere innere Not erhellen. An dieser Stelle versuche ich, jene totale berufliche Frustration aufzuzeigen, die ich nach meinem früheren Aktionismus besonders bedrückend empfand.

Meine Not in dieser Gemeinde bestand in völliger Tatenlosigkeit, ja Untätigkeit. Man erwartete von mir nichts als stillezuhalten. Nach Jahren angespannter Betriebsamkeit konnte ich keinen größeren Fehler begehen als arbeiten zu wollen. Die obwaltende Mißgunst und Eifersucht des Vorgesetzten und des unmittelbaren Umfeldes verordnete mir einen vorzeitigen Ruhestand.

Ich kam mit großem Optimismus und ehrlichem Willen an meinen neuen Wirkungsort. Trotz zahlreicher gegenteiliger Warnungen war der Chef anfänglich zu mir freundlich. Gut gelaunt trat er eine Woche nach meiner Ankunft den Urlaub an. Ich jedoch bekam keinerlei Weisung oder Direktive, wie ich in den nächsten Wochen zu wirken hätte. Es waren auch keinerlei Anordnungen oder Aufgaben zu erfragen.

In der Zeit seiner Abwesenheit vertrat ich den Pfarrer rein physisch. Ich wußte nicht, wofür ich da war. Der Zugang zum Büro war mir versperrt. Telefon besaß ich nicht. Jetzt hatte man einfach nicht zu sterben, zu heiraten oder Kinder zu kriegen. Hausbesuche sollte ich besser lassen, so habe es der Pfarrer dekrediert. Es ging seit 20 Jahren ohne diesen Luxus. Es gebe keinen Grund ihn einzuführen.

Ob der Pfarrer in mir je den Mitbruder sah oder nur den Konkurrenten und potentiellen Gegner? Er ließ nicht zu, daß ich mich *beruflich* entfaltete. Zu *privaten* Kontakten sei ich nicht nach T gekommen.

Und mußte ich nicht manchmal von der Not gezwungen den Pfarrer bitten und dann öftere Male daran erinnern, die Stipendien abzurechnen? Mußte er wirklich warten, bis die Leute bei ihm die Gebühren bezahlten bevor er mich entlohnte? Zahlten sie denn überhaupt jemals?

Nein, in T konnte ich nicht leben und nicht sterben. Da war mir die Luft zum Atmen nicht gegönnt. Einmal berichtete man mir von Äußerungen schlimmer Geringschätzung: "Es wäre besser, wenn man in der Pfarrei keinen Kaplan und keine Schwestern hätte!"

Die dienstlichen und persönlichen Demütigungen, ja Beleidigungen waren so bedrückend, daß ich wie meine Vorgänger resignierte. Bald hieß es: "Alle Kapläne wurden bei ihrer Ankunft begrüßt; verabschiedet wurde aber noch keiner. Wir sind gespannt, wie es dieses Mal ausgeht!"[33]

Nach einem halben Jahr sprach der Pfarrer kein Wort mehr mit mir. Er äußerte seinen Willen nur noch schriftlich auf Zetteln. Dagegen erzählte mir in der Schule eine Schülerin, daß er behauptete, das Fräulein Brigitta sei meine Frau. Diese Kunde flog in Windeseile durch die Pfarrei. Sofort stellte ich den Pfarrer zur Rede und erbat eine Erklärung für seine "unkluge" Äußerung. Da schrieb er mir noch am gleichen Tage folgenden Brief:

"Sollte ich eine derartige Äußerung getan haben, es könnte möglich sein, dann geschah es nicht in böser oder gar in der Absicht, wie Sie es verstehen wollen, sondern als *Scherz*. Ich weiß, daß ich oft eine unüberlegte Äußerung tue. Sollte es aber wirklich geschehen sein, so nehme ich diese Äußerung mit Bedauern zurück."

Die Äußerung war privatissime bedauert, die Folgen konnten nicht mehr zurückgenommen werden! Und brachte meine nachsichtige Reaktion und mein Schweigen den Pfarrer zur Einsicht? Nein, das bittere Ende stand mir noch bevor!

Eines Tages bat ich in meiner Not den Generalvikar um Hilfe. Dieser zeigte Verständnis und teilte meine Entrüstung. Er empfahl mir, meine Sorgen dem Vorsitzenden des Priestervereins vorzutragen, denn der sei zur Schlichtung unter Priestern berufen. Der aber ließ es zu, daß meine Klagen dem Chef zugespielt wurden. Einen diesbezüglichen Brief leitete man ihm zu. So wurden im Priesterverein meine Probleme gelöst!

Am Ort setzte nun eine schlimme Hetze ein! Personen und Zeugen wurden beschimpft und unter Druck gesetzt. "Der Kaplan geht, der Pfarrer bleibt!" hieß es bald, und so stand es auch im Kirchenanzeiger. Somit war mein Los besiegelt. Die Leute wußten ja, daß es immer so war. Ich verstand Gott und die Welt nicht mehr!

Sogar der Generalvikar ließ mich fallen! An seine Empfehlung wollte er sich nicht mehr erinnern. Jetzt würde ich auch nicht versetzt und ich müßte an der Stelle bleiben.

Den angedrohten "Saures" wollte ich nicht trotzen. So forderte ich am Ordinariat meine sofortige Versetzung. So entschieden trug ich diese Forderung vor, daß ich sie mit meinem Auszug aus dem Pfarrhaus, nötigenfalls mit meinem Ausscheiden aus dem Priesteramte unterstrich. Wie verzweifelt mußte ich damals wohl gewesen sein!

Einen Monat später erhielt ich die Expositur G als selbständige Seelsorgestelle. Sie lag 150 km von meiner Heimat entfernt.

Der Vorsitzende des Priestervereins aber schrieb mir: "Mein lieber Mitbruder!

Seien Sie fürs erste mir nicht böse! Ich wollte, daß dadurch alles einer ruhigen Lösung zugeführt werde. Es geschah nicht mit meinem Willen, daß der Brief an Ihren Chef weitergeleitet wurde. Bitte, reden Sie jetzt nicht mehr viel von der ganzen Sache. Ziehen Sie erst einmal weg und werden Sie auf Ihrem neuen Posten beheimatet. Dann wollen wir über alles in Ruhe reden. Jetzt sind wir alle zusammen nicht mehr in der nötigen Verfassung. Meine Wertschätzung wird umso höher sein, je mehr Sie vorerst schweigen können."

Das tröstete mich natürlich ungemein! Aber ich schwieg über den Fall bis jetzt. So erwies ich mich der Wertschätzung würdig! Der Chef aber wurde wegen seiner Verdienste mit dem Titel "Monsignore" ausgezeichnet.

In den Verhandlungen um meine "Laisierung" wurde das Trauma erwähnt, das durch die Handlungsweise meines damaligen Pfarrers und anderer von ihm gesteuerten Personen verursacht war. War die Kirche so vergeßlich? Oder spricht sie mit zwei Zungen? Ab da war ich jedenfalls innerlich emigriert. Jetzt erwies es sich als heilsam und nützlich, daß ich zwischen "Kirche" und Kirche unterscheiden konnte.

Soweit meine damaligen Schuldiger meine Vergebung brauchen, kann ich ihnen heute verzeihen.

Die Sinnfrage nach dem Konzil, die konträr geführte Diskussion und die Erwartenshaltung

Als ich Priester wurde, hieß es, der Zölibat und der Priesterberuf sind eins. Sie gehören wesenhaft zusammen. Das war gängige Meinung.

Eine Bestätigung dafür ist mir u. a. auch ein Brief eines früheren Chefs und lieben Mitbruders, den er mir zu meinen letzten Tagen im kirchlichen Amt schrieb:

"Ich bin mir sehr wohl über die berechtigte Diskussion von Beruf und Charisma der Ehelosigkeit im klaren. Aber als wir - auch Du 1962 - die Priesterweihe empfingen, war für uns Priestertum und Ehelosigkeit eine selbstverständliche Verbindung und Einheit. Ob wir nicht in der Gesinnung der Kreuzesnachfolge des Herrn diese Einheit und Verbindung weiterhin bejahen sollen?"

Es war so und es sollte so bleiben. Das glaubte man wenigstens damals noch. Diesem Anspruch beugte auch ich mich einmal um des Dienstes willen. Ich bedauerte es zwar, daß es diesen Anspruch gab, aber wenn es so war, mußte man sich fügen. Priestertum und Ehelosigkeit sind eins.

Wie war ich erstaunt, ja überwältigt, wie fand ich mich getäuscht und hinter das Licht geführt, als ich später beim Lesen des "Dekret über Dienst und Leben der Priester" las: "Die Kirche hat die vollkommene und ständige Enthaltsamkeit um des Himmelreiches willen, die von Christus dem Herrn empfohlen[34] ... besonders im Hinblick auf das priesterliche Leben immer hoch eingeschätzt ... Zwar ist sie nicht vom Wesen des Priestertums selbst gefordert[35], wie die Praxis der frühesten Kirche zeigt[36]".

Das war für mich eine Offenbarung besonderen Ranges! Wie hätte ich selbst vor der Priesterweihe zu dieser Erkenntnis kommen können? Hätte ich eigene historische, exegetische und dogmatische Studien anstellen sollen? Wie kam ich dazu, wenn ich nicht den leisesten Verdacht hatte, und das Vertrauen in das unfehlbare Wort der Kirche stark ausgeprägt war?

Was hätte mich dieses Wissen damals vor der Priesterweihe auch genützt? Wäre ich dann nicht Priester geworden? Wahrscheinlich schon, aber sicher mit einer anderen Einstellung, entkrampfter, ohne Sündenangst, weil ich zwischen Gesetz und göttlichem Gebot zu unterscheiden wußte, weil durch Probleme das Sakrament nicht betroffen war. Was nützte mir das neue Wissen später, nachdem ich ein Priester war, der sich in die Last der Verbindlichkeit und Einheit gebeugt hatte und nun darunter litt?

Es nützte mir nichts, aber es war ein Gebäude in mir zusammengebrochen, weil das Fundament nicht stimmte. Ab jetzt betrachtete ich den Zölibat als Zwang, in den man mich unredlicherweise rennen ließ.

Wenn ich also mit dem Zölibat Probleme habe, folgerte ich, sind es nicht mehr Probleme mit meiner Berufung zum Priester. Ab jetzt konnte ich davon ausgehen, daß ich zum Priester und priesterlichen Dienst berufen war. Was den Zölibat betraf, stellte ich diese Berufung aus meiner Vorgeschichte und dem gegenwärtigen Zustand in Frage.

Als ich dem Rätsel nachging, warum ich in der Zeit meiner Ausbildung und Vorbereitung auf den Priesterberuf über das Wesen des Zölibats so in Unkenntnis blieb, fand ich, daß ihm im "großen Seminar" von den Vorständen und Lehrern keine Aufmerksamkeit gewidmet wurde. Nur wir Seminaristen und Theologiestudenten sprachen auf die Weise von ihm, daß wir über ihn unsere Witze machten. Die Vorstände im kleinen Seminar hatten ihr zerstörerisches Werk gegen die Sexualität des Menschen schon längst vollbracht.

Leider war ich aus angestammter katholischer Scheu noch nie vorher mit den Schriften Luthers konfrontiert. Sie hätten mir in diesem Punkte wenigstens die Sinne geschärft. Ist doch in der evangelischen Kirche dieses Problem dank seiner kein Problem mehr.

Leider bevorzugte ich von den Erziehern geführt in meiner Lektüre eine andere asketische Richtung, die die Helden des Opfers heraushob.

Heute besitze ich Luthers Brief von 1523: "An die Herren deutschen Ordens, daß sie falsche Keuschheit meiden und zur rechten ehelichen Keuschheit greifen."[37] Darin setzt sich Luther mit der Zölibatsforderung des kanonischen Rechts auseinander: "Wiewohl ich nun genug in anderen Büchern von dem Greuel der geistlichen Keuschheit viel geschrieben und beständig genug bewiesen habe, daß solches Gelübde nichts ist, auch nicht zu halten sei, es sei denn Gottes besondere Gabe da, die auch ohne solches Gelübde und Gesetz nicht allein Keuschheit, sondern auch alle Dinge vermag: so habe ich es doch nicht unterlassen können, eures Ordens Leute darin zu ermahnen, in starkem Ansehen und großer Hoffnung, daß euer Orden ein großes, treffliches, starkes Exempel sein kann vor allen anderen Orden, wenn er diese Bahn zuerst bräche, damit der Unkeuschheit auch an anderen Orten weniger würde und des Evangeliums Frucht umso fröhlicher zunehme."[38]

Wie mußte der von Papst Paul VI. so bezeichnete "Juwel" oder "Edelstein" damals ausgesehen haben?

Mit dem Erscheinen der "Enzyklika über den priesterlichen Zölibat" sollte, wie viele glaubten, die Diskussion über die Priesterehe und über die Sinnhaftigkeit oder Sinnlosigkeit des priesterlichen Zölibats in der traditionellen Form zu Ende sein. Wie zu erwarten war, traf das nicht zu.

Bald schon kommentierte die katholische Wochenzeitung "Bildpost" (man höre und staune!) die Enzyklika: "Es kann nicht überraschen, daß viele Gläubige von der letzten Papst-Enzyklika enttäuscht sind, enttäuscht vor allem deshalb, weil nach der ungemein mutigen Sozialenzyklika "Progressio populorum" die letzte wie ein Rückfall in die Vergangenheit anmutet. Man spürt am Stil deutlich, daß hier nicht französische Dominikaner die Feder führten, sondern traditionsgebundene römische Kreise. Die Weitschweifigkeit und Überladenheit dieser Enzyklika schafft weniger Klarheit als vielmehr den Eindruck eines "ja, wenn, zwar, aber". ... So kann eine Enzyklika durchaus einmal Entscheidungen treffen, die entweder zu früh oder zu spät kommen."[39]

Ich selbst bemerkte unter diesem Zitat: "Die Diskussion um den Zölibat ist noch lebendig. Es ist noch gar nichts entschieden; es ist vielmehr alles offen."

So schrieb und dachte man um 1967, den Zeitpunkt des Erscheinens der "Enzyklika sacerdotalis caelibatus". Wie stand es um das Problem in den Jahren vorher?

In der Sendung "Katholische Welt" stellte Pater Wulf SJ im bayerischen Rundfunk fest: "Die gegenwärtige Diskussion um den Zölibat währt nun fast schon ein Jahrzehnt. Es ist noch nicht abzusehen, wann sie wieder zur Ruhe kommt. Ihren Beginn kann man einigermaßen fixieren. Ausgelöst wurde sie durch die Ankündigung des Konzils, wenn sie auch unterirdisch schon längst vorhanden war.

Schon bei der ersten Sondierung der möglichen Konzilsmaterie wurde von vielen Seiten auch das Zölibatsproblem genannt. Seitdem ist es mehr oder weniger offiziell im Gespräch, bei Priestern aber auch bei Laien. Es gehörte zu den Themen des Konzils. In öffentlicher Debatte wurde darüber allerdings nicht gesprochen. Der Papst, aber auch die meisten Bischöfe hielten es nicht für opportun. Man war im Grunde froh, daß der Papst die Behandlung der Fragen an sich zog und für die nahe Zukunft eine Antwort auf sie in Aussicht stellte."[40]

Der Papst, der dies in Aussicht stellte war Paul VI. Wie dachte sein Vorgänger Johannes XXIII.? Er berief das Konzil ein. Wie wäre durch ihn schließlich das Problem gelöst worden? Man weiß es nicht. Er ist zu früh gestorben.

Ich las in "Deutsche Tagespost" unter der Rubrik "Welt des Geistes - Geist der Welt" einen Aufsatz mit der Überschrift: "Papst Johannes, sein Konzil und der Zölibat": "Am 10. Dezember 1960 gewährte Papst Johannes XXIII. dem Mitglied der Akademie Frankreichs, Etienne Gilson, und dessen Tochter eine Audienz. Im Verlauf der Unterredung kam der Papst auch auf die Entstehung des Konzils und den Zölibat zu sprechen. Beides Themen von großer Aktualität. Im Verlauf des Gesprächs kam es zu folgendem Dialog: "Heiliger Vater, in meiner Jugend sagten uns die Geistlichen, die mich erzogen, der Papst genieße den besonderen Beistand des Heiligen Geistes. Vielleicht daß einmal ..." Johannes XXIII. bricht in ein ansteckendes Lachen aus: "Nun, vielleicht stimmt das. Auf jeden Fall hatte ich überhaupt nicht daran gedacht, bevor ich an diesem Tag davon sprach. Eines aber ist nunmehr gewiß, das Konzil ist Wirklichkeit, und ich habe es in Gottes Hand gegeben. Nicht das ist es, was mich beunruhigt." Das Gesicht des Papstes verdüstert sich. Er fährt fort: "Soll ich Ihnen meinen größten Kummer sagen? Ich spreche nicht als Mensch, sondern als Papst. Ständig leide ich unter dem Gedanken an jene jungen Priester, die so tapfer die Last des kirchlichen Zölibats tragen." - Und dann mit einer gewissen Heftigkeit, fast wie ein Schrei: "Für manche von ihnen ist er ein Martyrium. Bisweilen meine ich, eine Art Klageruf zu vernehmen -, oh, nicht von hier, sondern von viel weiter her - so, als verlangten Stimmen, daß die Kirche sie von dieser Last befreie. Darf ich das tun?" - Dann fuhr der Papst fort: "An und für sich ist das nicht unmöglich! Der kirchliche Zölibat ist kein Dogma. Die Schrift verlangt ihn nicht. Das ist sogar sehr einfach. Wir nehmen eine Feder, wir unterzeichnen ein Schriftstück, und morgen dürfen alle Priester, die es wünschen, heiraten. Aber wir können es nicht. Der Zölibat ist ein Opfer, das die Kirche sich freiwillig, hochherzig, heldenhaft auferlegt hat. Neulich sagte ich zu den Kardinälen: "Sollen wir zugeben, daß man bald nicht mehr sagen können wird: Unam, sanctam, castam ecclesiam?[41] Nein, das können wir nicht tun."[42]

War das ein Votum, das den Zölibat in seiner jetzt existierenden Form stützen kann? - Nein, im Gegenteil! - In welchem Symbolum (= Glaubensbekenntnis) bekannten wir uns zur "casta ecclesia"? Wann war sie es jemals? Unter welchen Umständen setzte sie diesen Anspruch durch? - Es war eine Geschichte der Leiden, eine via dolorosa. Es waren auch die unheilvollen Folgen dieses Gesetzes zu diesem Zeitpunkt noch nicht so deutlich sichtbar wie wenig später.

Welcher Art Argumentation sich die beharrenden und bewahrenden Kräfte innerhalb der Kirche bedienten, erhellt ein Beitrag von Georg Siegmund mit dem Titel: "Die Krise des jungfräulichen Standes"[43]. Er setzt sich mit den Einwänden gegen den Zölibat unter verschiedenen Aspekten auseinander: "Obwohl der Mensch weithin mit dem Tier die Triebnatur des Geschlechtlichen gemein hat, ist uns das menschliche Sexualleben von einer Gefahr bedroht, welche im Tierreich nicht besteht oder nur selten in geringem Ausmaß vorkommt. Es ist die Gefahr der "Perversion"!"

Der Zölibat also als Gegenmittel zu dieser Perversion? Es wird auf die Liebe Werthers zu Lotte in Goethes Dichtung "Die Leiden des jungen Werther" und die heftige Ausdrucksweise in Goethes eigenen Liebesbriefen hingewiesen. Wenn man dies lese, sei man überrascht, wie weit hier religiöse Ausdrucksweisen für die Geschlechtsliebe verwendet werden. "Das Sinnen, Denken, Tun eines so Liebenden ist wirklich "Anbetung" eines Menschen, der auf jenen Thron im Herzen des Menschen gestellt ist, auf den nur das wirkliche Absolute, nämlich Gott, gestellt werden darf."

Brachte die Liebe zu einem Menschen wirklich Gottes Thron zum Wanken, jenes Gottes, der die Liebe schuf und auftrug? Ich selbst empfand bei der Lektüre des Artikels, den ich zur Festigung meiner eigenen zölibatären Lebensform beschaffte, mit dem Verfasser Mitleid. Produkte dieser Art waren wenig hilfreich, das hinterfragte Gesetz mit neuem Sinn zu füllen.

Die Erwartung, daß der Zölibat freigestellt würde, wird in unzähligen Schriften, Artikeln und Notizen der damaligen Jahre nach dem Konzil sichtbar. Nachdem die Zölibatsenzyklika veröffentlicht war, begann ich, systematisch Beiträge zu sammeln, die sich für oder gegen die Freistellung äußerten. Bis zum Tag meiner Entpflichtung füllte ich damit einen dicken Ordner. Dieses Material zeigt, wie die Hoffnungen, Erwartungen, Enttäuschungen hochschwappten, verebbten und wieder aufbrachen. Es war eine Stimmung spürbar, daß man als Betroffener den Tag nahe wähnte, an dem eine positive Wende eintrat.

Die Erwartungen wurden durch zahlreiche Erhebungen, Befragungen und Statistiken noch gesteigert. Schon schickte sich die Kirche von oben an, den Fall abzuschließen. Sie hatte sich soz. festgelegt. Die Kirche von unten, und vor allem die Betroffenen selbst, zeigten sich enttäuscht und unzufrieden. Sie wollten die Erwartungen, die Stimmung und Überzeugung im Volke artikulieren, um doch noch zum Ziele zu kommen.

Die Zeitschrift "Prediger und Katechet" stellte einmal fest: "Man debattiert heute endlos pro und kontra Zölibat. Was auffällt ist dies: Man operiert dabei theologisch, exegetisch, historisch und aszetisch. Aber wer hat jemals schon die Frage gestellt: Wie steht das Volk Gottes zum Zölibat? Wie denkt der Laie? Warum soll er hier nicht befragt werden? Und was sagt dieser sensus des katholischen Volkes? ..."[44]

Der Verfasser hatte dem Magazin "Der Spiegel" zu wenig Aufmerksamkeit geschenkt. Er hatte sich unter dem Titel "Was glauben die Deutschen" mit dieser Frage demoskopisch beschäftigt:[45] "84% der Deutschen sind dafür, katholische Priester sollten heiraten dürfen". Die Antworten je nach Konfession, Kirchgang und Alter waren aufgelistet. Ich nehme nur die katholischen Voten heraus.

Priester sollen heiraten dürfen

	ja	nein	keine Angaben
Katholiken insgesamt	69%	30%	1%
18-24 Jahre	77%	22%	1%
25-34 Jahre	72%	26%	2%
35-49 Jahre	70%	30%	0%
50-59 Jahre	69%	31%	0%
60-70 Jahre	59%	41%	0%
Katholische Kirchgänger	57%	42%	1%

Weiter heißt es: "In diesem Urteil ... ob Priestern die Ehe erlaubt werden soll, sind Protestanten mit 95% festgelegt ... Daß es beim Zölibat der Priester bleiben soll, hat Papst Paul in diesem Jahre in einer Enzyklika bekräftigt ... unter den Katholiken haben sich Mehrheiten gegen die kirchliche Lehre gebildet. Nicht nur im Intimbereich gibt es Probleme, die das Kirchenvolk längst gelöst hat und bei denen die Hirten hinter ihren Herden herziehen."[46]

In der Sendung "Tagebuch aus der katholischen Kirche" des BR wurde berichtet[47], daß Kardinal König/Wien einen Fragebogen an alle Haushaltungen in der Erzdiözese Wien zur Vorbereitung auf die Diözesansynode richtete. Bei den dringlichen Problemen ist nach der Auswertung von 60% der Fragebögen das Zölibatsproblem wider Erwarten an die 3. Stelle gekommen. An 1. Stelle war das Problem der Geburtenregelung und Familienplanung.

In einem Artikel des "Der Neue Tag" / Weiden/Opf. fand ich unter der Überschrift "Ordinariat kritisiert Umfrage" folgende Mitteilung von KNA: "Das Erzbischöfliche Ordinariat München hat die Art der Bekanntgabe einer Umfrage unter Münchner Theologiestudenten über den Pflichtzölibat der Weltpriester kritisiert. In einem offenen Brief an den "Herrn Bischof Döpfner" hatte die Fachschaft der Theologiestudenten den Vorsitzenden der Deutschen Bischofskonferenz darüber informiert, daß 94,5% der befragten Theologiestudenten sich für die Aufhebung der Zölibatspflicht ausgesprochen hätten."[48]

Die "Frankfurter Rundschau" meldet das Ereignis ebenfalls, fügt aber noch hinzu, daß sich von den unter den 220 Theologiestudenten befindlichen 85 Priesteramtskandidaten 77 gegen die Zölibatspflicht ausgesprochen hätten.[49]

Alle diese Äußerungen und Umfragen übten mit verschiedenen anderen wirkenden Kräften eine starke Sogwirkung aus. Viele junge, besonders vitale Priester, dachten über eine Beziehung zu einer Frau nach oder hatten bereits eine solche aufgenommen. Ich selbst konnte die Verheißung einer baldigen Freigabe des Zölibats nicht glauben. Viele andere warteten lange, fanden sich aber enttäuscht. Manche von diesen heirateten, manche brachten den Mut nicht auf und warten heute noch vergeblich.

Die Diskriminierung Brigittas an meiner Seite

Da lebte eine Frau an meiner Seite, die ich liebte. Wir hatten uns vor Gott und unserem Gewissen das Jawort bis zum Lebensende gegeben. Wir verstanden unsere Beziehung als unsere Ehe, notgedrungen als klandestine Ehe.

Wie hätte ich es auf die Dauer ertragen und dulden können, daß Brigitta ein Schattendasein neben mir führte, an dem sie mit Recht litt. Von mir war also eine Entscheidung gefordert.

In der Zeitschrift "Frau im Leben" war das Bild und die Stellung der Frau im Pfarrhaushalt gezeichnet, wie man sie nicht selten sah:

"Das Bild, das sich die "Laien", also Mann und Frau aus der Gemeinde, das sich Andersgläubige und Fernstehende von der katholischen Pfarrhaushälterin machen, ist meistens beklagenswert ... Die Vorstellungen reichen von hinterwäldlerisch bis zu "St. Georgs Drachen", der seine Flügel geradezu dreuend über seinen Herrn breitet. Sie verwende, so meint man, alle Kraft auf die untadeligen Fußböden und die blitzende Küche des Pfarrhauses, so daß ihr nicht mehr viel für die Pflege des eigenen Äußeren oder die Garderobe der ihr anvertrauten Herren bleibe. Viele halten sie für eine schlecht bezahlte Kraft, die alles vom Haushalt und nichts von Fragen des modernen Lebens versteht. Die Gemeinde hängt am alten, liebgewonnenen Leitbild und läßt sich durch die Tatsache, daß seine Trägerinnen sich heute ebenso umstellen müssen wie jede moderne Frau, davon noch lange nicht abbringen."[50]

Wie gerne hätte ich mich damals schon, als mein Chef in T in seiner unverantwortlichen Entgleisung vor Pfarrangehörigen Brigitta als meine "Frau" bezeichnete, zu ihr bekannt! Dann hätte sie kein Mauerblümchendasein mehr führen müssen.

Ich sehe uns heute noch in den Straßen meiner Einsatzorte züchtig nebeneinander herumgehen, in ehrbarem Abstand, von "Berührungsängsten" begleitet, daß keiner unliebsame Schlüsse zöge. Oft war ich eingeladen, aber nur selten war auch sie gefragt. Wir gehörten eben nicht zusammen wie Eheleute, die in der selben Gesellschaft gemeinsam erschienen.

Wenn wir im Pfarrhaus Gäste bewirteten, hatte Brigitta ausschließlich die Rolle des dienenden Geistes zu spielen. Ihre Meinung war oft gar nicht gefragt. Ihre Bedürfnisse kein salonfähiges Thema. Mit ihr beschäftigte man sich höchstens am Rand, man sprach oft über sie, nicht mit ihr. Intern verkehrten Brigitta und ich natürlich per "Du". Waren Leute unterwegs, praktizierten wir das offizielle "Sie".

Ich empfand es immer als provozierend und menschenverachtend, wenn mich Leute als den "hochwürdigen Herrn" grüßten, als wäre ich allein, und Brigitta würde mich gar nicht begleiten. "Grüß Gott Herr Pfarrer", sagten sie. Die Person neben mir blieb ausgenommen. Damit war der Unterschied spürbar. Der andere mußte sich als ein Nichts, als Luft empfinden. Brigitta negierte das zwar in ihrer Bescheidenheit und Rücksicht, wenn ich sie darauf ansprach. Aber ich empfand für sie.

Wie hätte ich aber ungestraft meine Seelsorgekinder zu einem menschlichen Verhalten erziehen können? Stutzten sie doch schon - bei Mitgliedern der Kirchenverwaltung stellte ich das fest - als ich das Aufziehen der Turmuhr und das dreimalige Gebetläuten am Tag mit der schweren Glocke für sie als unzumutbar zurückwies. Die Haushälterin des Vorgängers hatte das alles noch mit Selbstverständlichkeit erledigt. Des Schneeräumen im Winter für die Kirchenbesucher, das Kirchenputzen, das Reinigen des Jugendheimes.

Wie mochten wir zueinander stehen, schienen sie sich zu fragen, als ich erklärte, daß ich Brigitta mit meinem Geld für meine Dienste entlohne und nicht für die Dienste der Kirchenverwaltung. Diese und auch die Diözese steuerte keinen Pfennig zu ihrer Entlohnung bei.

War sie nun meine Magd oder war sie meine Freundin? War sie meine Frau oder Konkubine? Offen fragte keiner, aber verwundert waren sie alle, als ich ihrer Degradierung gegensteuerte.

Brigitta und ich hatten ein vertrauensvolles Verhältnis zum evangelischen Pfarrhaus. Die "Pfarrfrau" dort drüben auf der anderen Seite des Tales war ihre einzige Vertraute. Wir verkehrten viel miteinander und besuchten uns gegenseitig in unseren Pfarrhäusern. Wir beteten miteinander abwechselnd in unseren Kirchen. An den Sonntagen gingen wir sogar miteinander im Ort spazieren. Die Leute hüben und drüben sahen diese Art praktizierter Ökumene nicht ungern. Einige Kleinmütige von da und von dort sicher schon. Sie sagten es aber nicht, denn sie waren in der verschwindenden Minderheit.

Aber was war da für ein sozialer Unterschied spürbar, wenn Menschen auf der Straße dann mit uns plauderten. Hier war die hurtig und munter plaudernde Pfarrfrau, da war die demütig dienende, schweigende Magd. Ich verwünschte um ihretwillen oft den Zölibat, der mich hinderte, diesen Unterschied zu beenden.

Eines Tages, kurz vor meinem Scheiden aus dem Amt, fuhr ich mit Brigitta in eine entfernte Stadt. Wir kauften unsere Trauringe und steckten sie uns als Zeichen unserer Liebe und Treue an.

Wir nahmen sie natürlich traurig wieder ab. Wir durften uns ja nicht öffentlich dazu bekennen, wie wir zueinander standen. Aber ich hoffte, daß das Versteckspiel bald ein Ende nehmen werde. Meinten doch viele in diesen Tagen zu dieser Frage: Die Zeit unserer Erlösung ist nahe!

Wie das Leben oft sonderbar spielt, und selten etwas neu ist unter der Sonne, hat jeder schon einmal erfahren. Aber von der Duplizität des Ringtausches zwischen einem katholischen Pfarrer und seiner geliebten, geheimgehaltenen Frau innerhalb der gleichen Familie hatte ich keine Ahnung. Erst 15 Jahre später fand ich durch umfangreiche Forschungen rein zufällig heraus, daß mein leiblicher Urahn und Vater Leonhard Krauß (*1526, +1603), Pfarrer und Dekan eines bekannten Ortes wegen seines Ringes offenbar weniger Bedenken hatte. Im Bericht des ihn visitierenden Generalvikars aus dem Jahre 1602 ist vermerkt: ... "gestat annulum ferreum in digito", "er trägt einen eisernen Ring am Finger". Er war das Zeichen der Verbundenheit mit der Frau, die ihm vier Kinder gebar. Zu ihr konnte er sich aber in der Bedrängnis der Gegenreformation nicht mehr bekennen.

Wie sich die Verhältnisse gleichen! Seine Kinder aber, die das gleiche Fleisch und Blut besaßen wie meine Kinder und dem gleichen Stamme angehörten, trug er mit eigener Hand in das von ihm begonnene Taufbuch ein. Seine Kinder, wenigstens sein erster Sohn und seine Tochter hatten außer dem Blut eine weitere Gemeinsamkeit mit meinen Kindern: Sie hießen Johannes und Brigitta. Von ihnen hatten wir zum Zeitpunkt der Taufe unserer Kinder noch keine Ahnung. Daß uns dies alles bekannt wurde, verdanken wir ausgerechnet dem ältesten Taufbuch einer Diözese und den wunderbaren Handschriften der Visitationsprotokolle des Generalvikars im Diözesanarchiv dieses Bistums. Ist das alles Zufall oder Gottes Fügung? Ich weiß es nicht.

Die zunehmende innere Bedrückung

Seitdem ich Pfarrer in G war, wurden mir von außen keine Schwierigkeiten mehr bereitet, wenigstens vorläufig nicht. Ich war meiner Gemeinde ein guter Hirte. Nach außen fröhlich und ausgeglichen. Ich hatte meine Gefühle im Griff. Ich verfügte über starke Willenskräfte. Die Leute schätzten, ja verehrten mich. Sie gingen für mich durch dick und dünn. Daß sie sogar für mich nach meiner Heirat am Ordinariat votierten, mag das beweisen.

Aber wie sah es in mir aus? Keinem durfte ich es verraten, ohne mich zu kompromittieren. Nicht einmal Mitbrüdern meiner Art hätte ich mich anvertraut; denn das war angesichts meiner Lage zu gefährlich. Ich mußte im Interesse des Dienstes und des Amtes das Gesicht wahren. Ich war ein Priester in Not!

In einem Spendenaufruf zum Bau eines Priesterhauses in den Alpen fand ich Sätze, mit denen ich mich identifizierte: "Ein jeder weiß, daß eine Welle des Zweifels, des Unbehagens und der Unruhe über viele Priester gekommen ist.[51] Es gab eine Zeit, da die Hirten mit großen, sicheren Schritten der Herde vorausgehen konnten. Man sah zum Hirten auf! Die Hirten waren Beispiele einer genauen Pflichterfüllung und sie wußten auf alle Fragen eine Antwort ...

Heute müssen auch sie Tag für Tag bitten: "Herr, ich glaube, komme meinem schwachen Glauben zu Hilfe!"

Wer aus der etablierten, kirchlich-hierarchischen Gesellschaft hätte einen ermutigen können oder wollen, wenn man in einer Situation war wie ich? Wer hätte sich ihr auch anvertrauen wollen, um Hilfe zu erbitten, nachdem sie sich in vielen Fällen als wenig vertrauenswürdig erwies? - Nur Brigitta war mir nahe; sie teilte mit mir Freud und Leid und überwand meine Einsamkeit.

Der Druck von außen

Jeder, der die kirchliche Entwicklung um 1965/70 kennt, erinnert sich an die eingetretene Polarisierung bei Klerus und Kirchenvolk in Konservative und Progressive. Leider bekämpften sie sich oft heftig mit liebloser Vehemenz, Rechthaberei und lautem Getöse.

In der nahen Pfarrei H wirkte ein Pfarrer, der eifriges Mitglied der "Bewegung für Papst und Kirche" war. Er propagierte das vorbehaltlose Bekenntnis "zum Weihepriestertum und zu seiner Unterstellung unter die rechtmäßige Autorität".

Ausgerechnet gegen mich trat er zu einer Verteidigung des heiligen Zölibats an und zum Kampf für die Reinheit des Pfarrhauses. Ich wußte nicht, wann und wie ich diesem Menschen einen Anlaß gab, meine Vorgesetzten gegen mich aufzuhetzen. Sicher war schon das Vorhandensein meiner jungen, hübschen Haushälterin das rote Tuch, auf das er sich wie ein Stier fixierte. Ich soll mich auch unter fünfzig vornehmlich jüngeren Priestern destruktiv über den Zölibat geäußert haben. Solches hatte ich aber klugerweise unterlassen.

Ob, auf welche Weise und wodurch veranlaßt eines meiner Gemeindemitglieder die Vermutung äußerte, daß ich gerne meine Haushälterin heiraten würde, ist mir unbekannt. Aber nun hätte der eifrige Forscher in Erfahrung gebracht, wonach er verlangte. So behauptete jedenfalls sein Bruder im Pfarrhaus des Regionaldekans. Einer meiner treuen Mitbrüder war Zeuge, als er in seiner Gegenwart die Kunde von meiner Heiratsabsicht überbrachte.

Das hatte einen Monat später verheerende Folgen, wie sich denken läßt. Aber statt im brüderlichen Gespräch wenigstens mit mir zu reden, nahm der Regionaldekan zum Kapitelsjahrtag plötzlich das Wort und erklärte wie der

Blitz aus heiterem Himmel: "Wenn jemand unter uns eine Haushälterin hat, die er gerne heiraten würde, so muß er sie entlassen!"

Die ganze Versammlung richtete offen oder verstohlen den Blick auf mich, und ich wußte, wer gemeint war. Klerikale Mißgunst und Co. hatten gute Arbeit geleistet, sie hatten das Informationswerk mit Erfolg betrieben. Hatte nun der intrigierende frühere Chef jetzt wirklich einen Kampfgenossen gefunden, mit dem er seine Rachepläne ausführte, die er wegen meiner Versetzung noch nicht vollendet hatte?

Was dann geschah, war irreparabel! Was haben sie bloß gegen mich angerichtet, um mich zu erledigen! Alles hinter meinem Rücken! Offensichtlich bereitete es ihnen noch Vergnügen.

Von einem Kaffeekränzchen der Pfarrhaushälterinnen hörten wir, auf dem die Standesgenossinnen gegen Brigitta eiferten und entrüstet keiften, weil sie von mir schwanger sei und bald ein Kind erwarte. Wie bereitwillig nahm daher ein Amtskollege meine Einladung an, zum Patrozinium meiner Gemeinde die Predigt zu halten. Er kam, wie ich erfuhr, um sich zu vergewissern, ob man an Brigitta die Schwangerschaft schon sah. Dem Vernehmen nach brachte er gleich seine Schwester mit, weil sich Frauen in derlei Dingen besser auskennen sollen als ein alter Pfarrer.

Als wir nachmittags mit der erwähnten Gesellschaft zum Kaffee im Pfarrhaus saßen, läutete plötzlich das Telefon. Wollte mich Gott prüfen, oder wollte der Teufel mir eine Falle stellen? Ich weiß es nicht. Es war Brigittas Freundin in ihrem Heimatort. Sie erzählte von dem Gerücht, demzufolge Brigitta jüngst von einem Kind von mir entbunden worden sei. War das ein abgekartetes Komplott? Alles Herumreden um den heißen Brei vor der Kaffeegesellschaft half nichts. Unsere Gäste ahnten, worum es ging und fanden sich bestätigt.

Schon hatte das Gerücht die bischöfliche Behörde erreicht. Offensichtlich dadurch veranlaßt erinnerte sich der Generalvikar eines Berichts von zwei "wohlmeinenden Mitbrüdern", wonach ich mich als Sprecher des Weihekurses bei unserem letzten Jahrestreffen "defätistisch über den Zölibat geäußert" hätte.

So war die Posaune des Kapitelsjahrtages in mir und rund herum noch nicht verstummt, schickte mir der Generalvikar schon seinen Herold in der Person des Kaplans einer Nachbarpfarrei. "Wenn er heiraten will, braucht er nur zu kommen", sollte er mir bestellen. "Es gibt schon eine Verwendung für ihn im kirchlichen Dienst!"

So kam ich, sah und siegte nicht! - Natürlich hätte ich vom Generalvikar gerne erfahren, wer die beiden gutmeinenden Mitbrüder des Weihekurses waren, die mich bei ihm so liebevoll "zitierten". Es hätte ja sein können, daß sie es wirklich gut mit mir meinten, aber nicht den Mut fanden, zuerst mit mir zu reden. Er verriet es mir aber nicht.

Einige Jahre später schickte ich meinem Nachfolger im Amt des Kurssprechers zum Generalvikar um die Frage zu klären. Ihm seien die Namen zwar mitgeteilt worden, aber er dürfe sie nicht an mich weitermelden, hieß es. Die Sache blieb geheim und ist es immer noch. Was hätte es auch geändert? Nach dem Kirchenrecht stand die Rechtsvermutung ohnehin beim Kläger. Der Beschuldigte mußte beweisen, daß die Anklage falsch war. Nur, gegen wen sollte ich zu Felde ziehen, wenn ich die Namen meiner Gegner nicht wußte? - Folglich distanzierte ich mich vom ganzen Weihekurs, denn jeder der Kurskollegen konnte mein Verräter sein. Zudem war der Prozeß der inneren Abnabelung schon so weit fortgeschritten, daß mich eine Verteidigung nicht mehr interessierte. Schließlich hätte ich aus Wahrhaftigkeit meine Liebe bekennen müssen.

BIS ZUR ENTPFLICHTUNG

Mein Stündchen hatte also geschlagen! Ich wollte mich nicht rechtfertigen, ich wollte nicht streiten, ich wollte nicht lügen, ich wollte Brigitta behalten, ich wollte meine Ruhe von dieser Gesellschaft.

So schrieb ich an den Bischof:

"Hochwürdigster Herr Bischof!

Es tut mir leid, wenn ich Ihnen mit diesem Brief Schmerz zufüge. Ich bin mir dessen bewußt, daß mein Brief für mich und eine Reihe von Menschen schmerzliche Konsequenzen haben wird. Aber ich bin es Gott und meinem Gewissen schuldig, um der Wahrhaftigkeit willen zuzugeben, daß ich für mich und in meiner Situation um die Befreiung von der Zölibatspflicht bitten muß. Ich anerkenne, daß die Ehelosigkeit um des Himmelsreiches willen als freies von Gott gegebenes und vom Menschen angenommenes Charisma ein hoher Wert ist; aber ich stelle das gebotene Junktim von priesterlichem Dienst und Ehelosigkeit ganz allgemein und für mich persönlich in Frage. Bei dieser Haltung erfülle ich als Priester nur mehr ein Gesetz. Bei dieser Handlungsweise in dieser für mich bedeutsamen Frage muß ich auf die Dauer menschlich und geistlich Schaden nehmen. Gott weiß, wie gerne ich Priester geworden bin, wie ich als Priester gewirkt habe und wie gerne ich meinen priesterlichen Dienst auch in Zukunft leisten möchte. Ich bitte Sie, Hochwürdigster Herr Bischof, um einen Termin zu einer Aussprache und um das Vertrauen, daß ich mir Mühe geben werde, meine Verpflichtung zu erfüllen, bis die Kirche mich von ihr befreit hat."

Die Reaktion des Bischofs

"Lieber Herr Expositus,

Ihr Brief berührt mich, wie Sie ja selbst erwarten, sehr schmerzlich.

Da ich am nächsten Freitag (6. Dez.) zu einer Feier in O bin, wäre eine Zusammenkunft um 14.00 Uhr dort im Pfarrhaus möglich. Sollten Sie es vorziehen, an das Ordinariat zu kommen, so wäre ich am gleichen Tag um 17.00 Uhr zum Gespräch bereit. Wenn jedoch dieser Freitag für Sie ungünstig ist, so rufen Sie einfach an, um einen neuen Termin vereinbaren zu können.

Mit herzlichem Gruß und Segen bin ich Ihr + N."

Ich hielt es für ratsamer, den Bischof im Ordinariat zu sprechen und ließ es ihn wissen.

Es war der Nikolaustag, 6. Dezember 1968. Brigitta und ich machten uns auf den Gang nach Canossa. Hauptsächlich betraf die unangenehme Aufgabe mich, denn Brigitta hatte mit dem Bischof eigentlich nichts zu tun, außer Gott um dessen gnädige und vernünftige Reaktion zu bitten. Ich deutete früher schon an, wie mein "Vaterbischof" reagierte.[52] Darum will ich mich nicht mehr wiederholen. Nur auf einige Umstände muß ich noch zu sprechen kommen:

Eigentlich wollte mich nach dem Bekenntnis mein Bischof sofort entlassen, suspendieren, wie man in der Amtssprache sagt. Aber da bat ich für meine Kirchengemeinde um Aufschub. Man dürfe ihr vor Weihnachten den Pfarrer nicht nehmen, argumentierte ich. Dieser Aspekt wurde berücksichtigt. So durfte ich noch bis 31.12.1968 bleiben und Dienst tun.

Worum bat ich den Bischof da bloß? Mit traurigem, schwerem Herzen verrichtete ich immer alles jeweils zum letzten Male. Und niemand in der Gemeinde sollte etwas erfahren. Wenn ich verspreche, daß ich mich Brigitta gegenüber wie ein zölibatärer Priester verhalte, dann sei mir diese Gnade gewährt. Aber am 2.1.1969 müsse das Pfarrhaus leer sein, damit es dem Nachfolger zur Verfügung stünde.

War das nicht ein Hinauswurf? - Ich verstand diese Eile nicht, weil kein Priester in Aussicht stand, der mich ablösen sollte. Es stellte sich auch heraus, daß ich recht behielt.

Nachdem dieser Pfarrhof, wie viele andere in der weiten Diözese, ein Jahr lang unbewohnt und leer stand, wurde er vermietet, vorher aber gehobenen Bedürfnissen entsprechend umgebaut. Wie war ich da als Pfarrer bloß bescheiden! Als ich anläßlich eines Besuches dort ein schmuckes Heim vorfand, empfand ich, daß man mir, dem "dreschenden Ochsen", das Maul verbunden hatte.

Was mich in meiner Bedrängnis zusätzlich schmerzte, war das befremdliche Verhalten des Bischofs und sein Umgang mit der Wahrheit. Er bat mich, da mir nun meine Absicht zu heiraten nicht auszureden war, um die Erlaubnis, mit ein paar Leuten darüber reden zu dürfen. Bisher habe er noch mit keinem Menschen darüber gesprochen. Ich müsse einsehen, daß es einige gäbe, die jetzt über meinen Wunsch in Kenntnis gesetzt werden müßten.

Natürlich hatte ich nichts dagegen. Als aber am 26.12.1968 der Regionaldekan bei mir das Ergebnis der Adveniatkollekte abfragte, verriet er mir, daß der Bischof mit ihm auf der in seinem Brief erwähnten Feier am gleichen Vormittag meine Sache schon ausdiskutierte. Wie soll ich ein solches Verhalten nennen? Wie bezeichne ich es treffend? Gelten für Bischöfe andere Regeln für den Umgang mit der Wahrheit?

Später hatte ich mit meinem Bischof keine Begegnung mehr. Ich hörte auch kein persönliches Wort mehr von ihm, nicht mehr bis zum heutigen Tage. Aus seinem Bistumsblatt aber las ich öfter Äußerungen, die uns "ehemalige Priester" diskriminierten.

Die Bitte um "Laisierung"

Als der Bischof am St. Nikolaustag mit mir fertig war, verwies er mich nocheinmal zurück an den Generalvikar. Dieser erklärte mir jetzt die nächsten Verfahrensschritte. Zuerst müßte ich eine Bitte um "Laisierung" an den Bischof richten. - Um Laisierung? - Wo ich dies doch ganz und gar nicht wollte! Was sollte ich nun tun? Was blieb mir sonst übrig? So schrieb ich denn:

"Hochwürdigster Herr Bischof! ...

Die Geschichte meiner priesterlichen Existenz in dieser Frage ist diese: Ich bin gerne Priester geworden. Hätte die Möglichkeit bestanden, nicht ein zölibatärer, sondern ein verheirateter Priester zu werden, wäre ich ein solcher geworden. Da es aber diese Möglichkeit nicht gibt, und ich dennoch Priester werden wollte, weil ich mich von Gott dazu berufen wußte, habe ich das Zölibatsgesetz als conditio sine qua non soz. in kauf genommen. Ich war mir zu diesem Zeitpunkt noch nicht ganz klar bewußt, was ich in kauf genommen hatte. Das Seminar und das Elternhaus hüteten in guter Absicht den Beruf und vermieden so eine Bewährung im Leben. Was sich im Interesse der Sache hätte vor der Ordination abspielen müssen, wurde in die Zeit nachher verdrängt.

Zur Zeit meiner Subdiakonatweihe fehlten hinreichende Motivationen, die es einsichtig gemacht hätten, warum es einen verheirateten Priesterstand nicht geben könnte. Daß man zum "vacare Christo" nur als Zölibatär im Stande sei, war mir niemals einsichtig. Die Theologie war sich, wie ich mich erinnere, noch nicht klar, ob das Zölibatsversprechen ein Gelübde oder ein Eid sei. Man konnte sich gar nicht klar sein, was man denn im Grunde wolle. Ich kann mich noch erinnern, daß ich keines von beiden intendierte.

Das Motiv "Ehelosigkeit als eschatologisches Zeichen" kenne ich erst aus der neueren Theologie.

Wohl schon aus diesen Anfängen heraus bin ich über "meinen Zölibat" nie recht froh geworden. Ich habe ihn zwar bis zuletzt gehalten, aber mit dem Empfinden, als Mensch und Person "verkürzt" zu sein. So mußte ich naturgemäß die "Bekanntschaft" mit einer Frau, wenn auch nicht als legale, aber innere Befreiung und Bereicherung empfinden.

Damit mein Entschluß nicht als unüberlegt und übereilt erscheinen könne, nämlich der Entschluß zu heiraten, habe ich mir vor einem Jahr selbst eine längere Wartezeit und Prüfzeit auferlegt. Ich bin nun der festen Überzeugung, daß es für mich keinen anderen Ausweg gibt, als mit der Kirche mein Verhältnis zu ordnen. Andernfalls müßte ich auf die Dauer menschlich und geistlich Schaden nehmen.

Ich möchte nocheinmal um Verzeihung bitten, daß ich Ihnen, Hochwürdigster Herr Bischof, diesen Schmerz zufügen mußte. Aber vielleicht können Sie meine Sache doch einer raschen Erledigung zuführen!"

Die Entpflichtung

Darauf erschien sehr bald der erwartete Brief des Bischöflichen Ordinariats:

"Sehr geehrter Herr Expositus!

Ihrer Bitte an den Herrn Bischof entsprechend werden Sie mit Ende des Monats Dezember von Ihrem Dienst entpflichtet.

Mit besten Wünschen..."

In der Presse erschien gleichzeitig eine ganz kurze Notiz, wonach der Expositus von G mit Beginn des neuen Jahres zum Studium beurlaubt sei.

Meinen "Schäflein" schien es zunehmend gedämmert zu haben, worum es sich mit den "Studium" handelte. Bald nach meinem Scheiden aus dem Amte erhielt ich den Brief eines befreundeten Kaplans. Er war der Kaplan jenes Pfarrers in H, der mich "für Papst und Kirche" abschoß. Darin berichtete er: "Bei der Versammlung der Stephanusgemeinde am vergangenen Sonntag gab es Differenzen zwischen dem Pfarrer und seinem Bruder auf der einen Seite und Deinen Leuten aus G. Sie sollen gesagt haben, diese beiden wären schuld, daß Du sie verlassen mußtest."

Die Leute von G schrieben mir noch lange Zeit Briefe voller Sympathie. Ich selbst machte mir noch lange Vorwürfe, weil ich meine Gemeinde verließ, ohne mich von ihr öffentlich zu verabschieden, wie es mir aufgetragen war.

Brief an die Mutter

Die größte Sorge bereitete mir die Frage, wie ich meinen Abschied vom kirchlichen Amte meiner Mutter mitteilen solle. Die Lösung dieses Problems war das Anliegen, das mich am meisten belastete. In unserem katholischen Lande oder vielleicht auch in der ganzen katholischen Kirche, hat der Name "Priestermutter" einen besonderen Klang. Zudem war meine Mutter Förderin des "Päpstlichen Werkes für Priesterberufe" des sog. "Priesterhilfswerkes" der Diözese an meinem Heimatort. Sie war so stolz auf mich! Nun drohte ihr diese "Schande"! Da mußte eine Welt für sie zusammenbrechen! Ich schrieb ihr schweren Herzens einen Brief:

"Liebe Mama!

Ich bete schon seit einem Jahr für Dich und ich werde es weiter tun, damit Du verstehst oder wenigstens zu verstehen versuchst, was ich Dir heute schreibe. Ehrlich gesagt habe ich vor diesem Brief Angst, mehr als vor meinem Bischof und vor meinem Generalvikar. Aber Du mußt zu verstehen versuchen, daß Dein erwachsener Sohn vor seinem Gott und Gewissen alleine bestehen können muß, und daß Du ihm nichts abnehmen kannst.

Ich habe nach langem Überlegen und Beten eine Entscheidung gefällt. Ich habe mich vor meinem toten Vater geprüft. Er wird mich heute besser verstehen als damals, als er noch lebte. Du bist doch meine Mutter und Du kannst nicht härter sein als fremde Menschen. Du wirst zu mir stehen, weil ich Dich und Dein Verständnis in Zukunft nötiger habe als in der Vergangenheit. Du hast schon oft gesagt, daß Du mich liebst. Was nützt mir und Dir, was die Leute von uns denken. Maßgeblich ist, was Gott von uns denkt. -

Ist es denn nicht möglich, daß wir über diese Härte hinweg zusammenhelfen wie früher?

Ich werde am 2.1.1969 von G gehen. Ich bin offiziell zum Studium beurlaubt. Ich werde mir in einigen Jahren eine neue Existenz aufbauen. Brigitta wird arbeiten und finanziell zu meinem Studium und unserem Lebensunterhalt beitragen. Wir werden in S wohnen, und von dort fahre ich täglich zur Hochschule. In der Zwischenzeit müssen wir auf die Dispense zum Heiraten warten. Ich kann dann kirchlich getraut werden. Das kann aber eine Weile dauern. Und was für Dich sehr wichtig ist, will ich Dir auch mitteilen: Ich darf wieder zu meinem Amte zurück, wenn die Zeit gekommen ist.

Viele Leute sind sehr verständnisvoll zu uns. Kannst nicht auch Du so sein? Du müßtest mir als Mutter doch am nächsten stehen. Brigittas Mutter fällt es auch nicht leicht. Aber sie will uns das Leben nicht noch schwerer machen. Sie will uns helfen , wo sie kann.

Ich bitte Dich um Dein Verständnis, weil ich doch nichts verbrochen habe. In dieser Frage denken die meisten Menschen anders als früher. Wenn ich wie alle heiraten will, dann ist das doch das Natürlichste von der Welt. Und überall stehen doch die Mütter zu ihren Kindern. Du kannst mich nicht verstoßen, weil Du eine Mutterliebe hast. Ich werde Dir auch alles mündlich erklären. Du hast auf Deiner Karte geschrieben, daß Du mich liebst. Ich wünschte, Du könntest es jetzt auch noch. Aber wenn Du mich nicht mehr liebst, ich liebe Dich trotzdem."

Meiner Schwester, die mit ihrer Familie im Hause der Mutter wohnte, schrieb ich mit gleicher Post:

"Liebe Schwester!

Du hast mir auf meinen letzten Brief nicht geantwortet und ich weiß nicht, ob Du mir etwa böse bist. Aber ich richte an Dich dennoch eine Bitte. Ich habe an Mama einen Brief geschrieben. Daran wird sie sehr schwer tragen. Ich bitte Dich, geh zu ihr, laß Dir den Brief zum Lesen geben und hilf ihr!"

Rettungsversuche

Ich durfte mit einem Einsehen meiner Mutter nicht rechnen. Das war mir vor ihrer Antwort bewußt. Es hätte denn ein Wunder geschehen müssen. Sie antwortete:

"Mit meinen letzten Kräften schreibe ich Dir diesen Brief. Ich weine so lange, bis das Ende da ist. Du schreibst von Mutterliebe. Ist das eine Liebe zur Mutter, wenn Du mir ein so schweres Kreuz zu tragen gibst? Kannst Du das vor Deinem Herrgott verantworten? Ich bitte Dich, kehre um, jetzt kannst Du es noch! Stell Dir das Heiraten nicht so rosig vor! Es kommt ja doch nicht so, wie man es meint. Es kommt immer anders. Mach Dir selbst kein schweres Kreuz! Wie stellst Du Dir alles so leicht vor: Das Studium! Warum sollst Du nocheinmal studieren? Haben 14 Jahre nicht gereicht? Und Brigitta soll zum Studium beitragen? Was würde das für ein Leben! Die einen Sachen da, die anderen dort. Und das Hin- und Herfahren zur Wohnung. Eine richtige Wohnung kannst Du Dir gar nicht leisten. Es gibt auch noch andere Kosten. Und wie stellst Du es Dir mit dem Heiraten, mit der Ehe und Kindern vor? Dieses Eheleben fällt auf Dich und Deine Kinder zurück. Vor Gott und der Welt bist

Du kein richtiger Mensch mehr. Und zuletzt machst Du und Brigitta Euch Vorwürfe. Du warst einmal geliebt und geehrt. Hast Dein Amt gut gemacht. Auch hast Du Dir den Priesterstand selbst ausgewählt. Du könntest niemals mehr zurück zu Deinem Amt. - Der Herrgott verzeiht dem größten Sünder. Und wenn Du auch dieses gemacht hast, so kann Dir die Mutter immer wieder alles verzeihen. Tu es auch Deinem Vater nicht an. Jetzt, da er die Augen für immer zugemacht hat und nichts mehr sagen kann. Und warum sollst Du bei fremden Leuten Trost finden? Deinen Frieden findest Du nur bei Deiner Mutter und bei Deinem Herrgott.

Ich kann seit Deiner Nachricht nichts mehr essen. Fünf Tage schreibe ich schon an diesem Brief. Was hätte ich sonst noch als Dich? Antworte gleich wieder, damit Du nicht zu spät kommst und ich Dich noch wiedersehe! Es grüßt Dich herzlich Deine Mutter."

Mama legte auch noch einen Brief an Brigitta bei, um auch sie zur Einsicht zu bewegen.

Das Unverständnis meiner Mutter war unser schwerstes Leid. Ich bot in der Folgezeit alle Kraft auf, ihre wirtschaftlichen Sorgen wie vorher mitzutragen. Aber sie wies meine Hilfe zurück. War ich schon nicht mehr Priester, wollte sie auch meine Hilfe nicht. Weil ich meine Mutter liebe, schweige ich über ihre weiteren Reaktionen. Glücklicherweise galt auch für sie, daß die Zeit Wunden heilt. Heute nach 20 Jahren lebt meine Mutter noch gesund und munter. Meine Heirat ist ihr kein Problem mehr.

Viele Bekannte, vor allem Mitbrüder, die von meiner Entscheidung gehört hatten, versuchten, das Rad nocheinmal zurückzudrehen. Doch ließ ich mich nicht mehr umstimmen. Gott war mit uns und gab uns die Kraft zum Durchhalten.

Kurskollegen erschienen persönlich bei mir im Pfarrhaus zu G, um mir die Tragweite meines Handelns bewußt zu machen. Der Diözesanpräses der Kolpingsfamilien rief mich an und fragte, ob ich Brigitta verpflichtet sei. Ich bejahte diese Frage, unwissend, was er damit sagen wollte. Wie sich herausstellte, wollte er fragen, ob Brigitta von mir schwanger sei.

Weil ich mich Brigitta verpflichtet fühlte in eben der schlichten Weise, wie ich es sagte, folgerten vielleicht die Leute im Ordinariat, daß ich wegen der Schwangerschaft heiraten müßte. Alle Verhandlungen um die "Laisierung" gingen von dieser Voraussetzung aus. Ich war so unerfahren, das nicht zu erkennen.

Es soll ein Erstaunen gegeben haben, als im Sommer darauf immer noch kein Kind vorhanden war. Man war sehr überrascht, als meine Schwester anläßlich der Befragung zur "Laisierung" wahrheitsgemäß bekannte, daß sie von einer Schwangerschaft nichts wisse.

Ganz sicher hat dieses unterstellte Kind meinem Verfahren von Anfang an einen Ernst und eine Eile verliehen, daß mir weiteres Herumreden erspart blieb.

Auch einer meiner früheren Chefs redete mir in das Gewissen. Er verpackte seine dringende Bitte um Umkehr in ein Geschenk, mit dem er mich an meine Geschichte als Priester erinnerte: "Beiliegendes Buch, die Chronik von R, sei ein Weihnachtsgruß und möge Dich erinnern an die Zeit, in der Du nach meiner Meinung ein glücklicher Kaplan warst. Dein Reden und Dein Blick bei Deinem letzten Besuch haben mich innerlich beunruhigt. Da wir aber nicht allein waren, konnten wir ja nicht vertraulich reden. Ich habe den Eindruck, daß Deine plötzliche Bewerbung nach T eine Kurzschlußhandlung war. Mögen nicht weitere solche Schritte folgen!"

Zum Weihnachtsfest meldete sich auch meine Schwester mit einer Grußkarte. Sie wünschte mir frohe Weihnachten und ein gutes neues Jahr. Ich konnte die Glückwünsche brauchen. Ich wertete die Weihnachtswünsche und Grüße, die sonst eher nur schlichter Brauch sind, in dieser Situation als Zeichen der Hoffnung. Meine Schwester versicherte mir, daß sie mich zwar verstehen könne. Aber sie hätte es selbst nicht über das Herz gebracht, Mama so tief zu verletzen.

Bei aller Traurigkeit und Bedrängnis um die Weihnachtsfeiertage 1968 konnte und mußte ich mit Martin Luther sagen: "Nun bin ich hindurch!"

Zum Trost hatte ich Brigitta. Ihre Liebe beglückte mich und drängte mich, alles, auch das Kommende, beherzt anzupacken und zu tragen.

Ganz unten

In unserer Geworfenheit war Hilfe vonnöten. Aber noch nie verspürten wir so schmerzlich die Wahrheit jenes Spruches: "Freunde in der Not gehen 100 auf ein Lot!" - Ich fühlte: ganz unten bist du ganz allein!

Als ich am 6.12.1968 die nächsten notwendigen Schritte mit dem Generalvikar erwog, stellte sich die Frage: Wohin mit allen meinen Sachen? Ich hatte ja einen vollständig eingerichteten Pfarrhof freizumachen. Und das in der kürzesten Zeit von nur drei Wochen - mitten im Winter! Zunächst erwies sich der Generalvikar als recht entgegenkommend. Ich könnte meine Habseligkeiten, Mobiliar, Garderobe, Geräte in einem leerstehenden Pfarrhof deponieren. Nach Bedarf könnte ich dann das Nötige von dort holen. Somit sei für mich nur ein Zimmer in F vonnöten, wo ich Pädagogik studieren wollte. Brigitta könne ja bis zur endgültigen Regelung unserer Angelegenheiten in S wohnen, wo sie sicher Arbeit fände.

Dieser Vorschlag war mir akzeptabel. Hernach ließe sich dann weitersehen.

Jetzt unterrichteten wir auch Brigittas Mutter von der gefällten Entscheidung. Wir baten sie um ihre Mithilfe beim Packen und Umziehen. Spontan erklärte sie ihre Bereitschaft. Wie war ich um diese Mutter Gott in der Not dankbar! Sie machte uns auch immer Mut, wenn wir unsere Sorgen äußerten. Sie hatte bestimmt ihre eigenen Probleme wegen uns und mit sich. Aber das schien für sie momentan sekundär.

Der erste schwere Schlag, der uns kopf- und orientierungslos machte, war eine kurze Karte des Generalvikars, daß er das Angebot, für unsere Möbel in einem Pfarrhof Platz zu machen, nicht aufrecht erhalten könne. Die Anlieger des vorgesehenen Pfarrhauses würden u. U. von mir und meiner Absicht Kenntnis erlangen und möglicherweise kein Verständnis aufbringen. Ich solle alles im Keller eines Hauses der Caritas deponieren. Frau Oberin habe den Schlüssel und könne mich jederzeit einlassen. Außerdem sei es nicht zweckmäßig, wenn ich in F ein Zimmer nehme. Dieser Ort sei zu klein, und mein Fall werde dann in dieser Stadt sicher bald die Runde machen.

Nun war guter Rat teuer! Es war der 14. Dezember 1968. Den Herrn Generalvikar ließ ich wissen, daß ich das Angebot ablehne, bei der Caritas mit meinen Sachen Zuflucht zu suchen. Statt dessen bat ich zwei Mitbrüder, im Immobilienteil der Zeitung von S oder sonst eine Wohnung auszumachen. Sie möge liegen, wo sie wolle, und auch der Preis könne in unserer Lage keine Rolle spielen. Trotz der Zusage beider, sich zu bemühen, war zu Weihnachten noch keine diesbezügliche Entwarnung vorhanden. Was blieb uns da sonst übrig, als am 27. Dezember selbst nach S zu fahren und auf das Geradewohl das Glück zu versuchen.

Wir steuerten das Büro eines Maklers an, den wir im Telefonbuch ausfindig machten. Mit ihm waren wir schnell handelseinig. Dem künftigen Vermieter war es egal, ob wir miteinander verheiratet waren oder nicht. Auch ein heiratswilliger Pfarrer war ihm ganz angenehm. Es war also auf Anhieb geschafft! Die Wohnung war groß, aber nicht groß genug für das Mobiliar eines ganzen Pfarrhofes. Aber wir waren froh, daß wii für den 2. Januar ein Ziel hatten.

Wie stand es aber mit der Arbeit? Von *meiner* Arbeitslosigkeit bis zum Beginn des Sommersemesters an der Pädagogischen Hochschule in F anfangs Mai war auszugehen. Aber Brigitta?

Am 27. Dezember war noch genügend Zeit, das Arbeitsamt in S aufzusuchen und die Möglichkeiten zu sondieren. Wir erzählten einer erstaunten Beamtin unser Elend. Offensichtlich hatte uns Gott gerade ihr in die Hände gespielt, weil sie sich an eine noch nicht registrierte Anfrage des Amtsgerichts in S um eine qualifizierte Kraft für die Geschäftsstelle erinnerte. Ein kurzer Anruf genügte, und Brigitta konnte sich noch am gleichen Nachmittag beim Direktor des Amtsgerichts vorstellen. Sie erhielt den Posten und war ab 3.1.1969 Justizangestellte.

Sie hatte jetzt eine Arbeit, die ihren Neigungen und Fähigkeiten entsprach, nachdem sie Verwaltungsarbeit aus dem Rathaus von R, aus dem ich sie damals entführte, gewöhnt war.

Was war das für ein Glück! Die Menschen hatten uns verlassen. Aber Gott war mit uns, als unsere Not am größten war. Arbeit und Wohnung an einem einzigen Tag! So verzweifelt unsere Lage am Morgen war, so voller Hoffnung waren wir am Abend.

Vier Tage wurde nun eifrig gepackt. Eilends bestellten wir eine Möbelspedition. Drei Umzugskisten hatte ich damals nach G mitgebracht. Brigitta hatte sie über Weihnachten mit Utensilien vollgepackt. Es war vor allem eine Unmenge von Büchern unterzubringen, für die es in der kommenden Welt keine Verwendung mehr gab. Oder wollte es Gott wenden, daß der Pflichtzölibat bald abgeschafft würde, und ich als Priester wieder eine Aufgabe fände?

Ganz ließ mich diese Hoffnung nicht los, als ich so erbärmlich auf meinen Kisten saß und in die düstere und auch wieder beglückende Zukunft schaute.

IN DER BEDRÄNGNIS

Wenn ich an unsere gerechte Sache glaube, gilt für Brigitta und für mich der Vers der Bergpredigt: "Selig, die Verfolgung leiden um der Gerechtigkeit willen, denn ihrer ist das Himmelreich!"[53]

Es war eine Art Verfolgung, die über uns hereinbrach: "Der Bruder wird den Bruder ... dem Tode ausliefern."[54] "Ich bin nicht gekommen, den Frieden zu bringen, sondern das Schwert. Denn ich bin gekommen, den Sohn mit seinem Vater zu entzweien, die Tochter mit ihrer Mutter, die Schwiegertochter mit ihrer Schwiegermutter. So werden des Menschen Feinde seine eigenen Hausgenossen."[55]

Brigitta und ich sagten oft zueinander: "Wenn wir gewußt hätten, was da alles über uns kommt, hätten wir den Mut zum Heiraten nicht gehabt. Glücklicherweise weiß man das vorher nicht!"

Aber es hatte sich eben zugetragen, wie mein Tagebuch ausweist: "Es kam über mich die große Liebe. Diese Liebe ist mein Leben!"[56] Und: "Seit wir uns entschlossen haben, unseren Weg gemeinsam zu gehen und aus Ehrlichkeit und Wahrhaftigkeit sogleich die Konsequenzen zu ziehen, haben wir viele Sorgen, aber noch mehr Freude. Ob spätere Generationen oder schon unsere Kinder, den Kampf eines Priesters um das gottgegebene Recht zu heiraten und Kinder zu haben noch verstehen werden? Uns hat dieser Kampf Schande, Schimpf, kirchliche und gesellschaftliche Verachtung im höchsten Maß eingebracht!"

Von falschen Brüdern

In den Jahren 1969/70, in der Zeit bis zu meiner "Laisierung" und auch nachher, las man in der Presse, der kirchlichen wie der weltlichen, fast jede Woche Berichte, Statistiken, Kommentare zum Thema Zölibat. Die Leute wurden für diese Problematik richtig sensibilisiert.

Die etablierte Minderheit und einige blinde Eiferer auf ihrer Seite glaubten, die "untergehende Kirche" retten zu müssen. Sie ereiferten sich in einer Weise, als ob der Zölibat und nicht Christus der Eckstein wäre, der der Kirche ein festes Fundament verleiht.

Viele bösartige Entgleisungen richteten sich direkt oder versteckt gegen die nahen und erreichbaren Subjekte. In meinem Heimatort und auch in der Heimat Brigittas entfachten Übereifrige und Verblendete eine wahre Hetzkampagne. Aber auch in W, wo wir uns am 1.9.1969 niederließen, hatten wir nichts zu lachen.

Der Pfarrer wollte vermutlich in seinem blinden Eifer keine Gelegenheit versäumen, mich im Namen Gottes und der Kirche - wie er sicher meinte - zu kompromittieren. Versteckt, aber durch merkwürdige Umstände immer wieder entdeckt, mischte er sich in unser Leben ein:

In einer Zusammenkunft von Geistlichen von S z. B. äußerte er sich durch sehr schädliche Auskünfte über meine Person. Einer seiner Amtsbrüder klärte seinen Kirchenchor wenig später darüber auf, daß sich "so ein abgefallener Pfarrer" in W niedergelassen habe. Er sparte mit hetzerischen Kommentaren nicht, wie mir mein Studienkollege, der als Kirchenchormitglied Zeuge war, berichtete.

Ein anderer Pfarrer unserer Stadt hielt an einem Sonntag eine so lieblose Predigt über Priester meiner Art, daß wir uns während seiner Ansprache erhoben und gingen. Er hatte doch von unserer Anwesenheit Kenntnis, weil wir uns kannten und wir in der Bank unmittelbar vor ihm saßen, wobei er uns unentwegt anstierte. Ab da suchten wir an den anderen Sonntagen eine freundlichere Kirche, wo ein annehmbarer Prediger am Werke wäre. Aber wir hatten leider immer wieder das Pech, daß wir immer wieder auf einen anderen Zölibatsprediger trafen.

Nachdem unser Sohn Johannes drei Jahre alt war, dachten wir daran, ihn in den pfarreigenen Kindergarten zu schicken. Der Pfarrer hatte, wie uns Nachbarn berichteten, im Kirchenanzeiger am Sonntag zuvor wegen Unterbesetzung um Kinder geworben. Als aber meine Frau unseren Sohn dort anmelden wollte, erklärte die Leiterin, daß sie in diesem Falle erst den Pfarrer fragen müsse, ob das Kind genommen werden dürfe.

Als ich als Konrektor an eine Schule unserer Stadt versetzt wurde, leistete ein prominenter Geistlicher bei meinem neuen Chef "Aufklärungsarbeit". Er berief sich bei seinen lieblosen Äußerungen auf den Ortspfarrer als Informanten. - So war ich während der ganzen Zeit meiner dortigen Tätigkeit darauf festgelegt, durch besonderes Wohlverhalten ein gegenteiliges Wesensbild von dem zu demonstrieren, das sich mein neuer Vorgesetzter anzueignen im Begriffe stand. Ich schrieb dem Ortspfarrer daraufhin einen Brief, in dem ich ihm gerichtliche Schritte androhte, falls ich von ähnlichen Angriffen noch einmal erführe.

Nachdem wir uns im Orte W niederließen, gingen meine Frau und ich auch in die Pfarrkirche zum Gottesdienst und zu den Sakramenten. Wir waren zwar standesamtlich, aber noch nicht kirchlich getraut. Die Heiratserlaubnis aus Rom ließ sehr lange auf sich warten.

Wie üblich stellte ich mich an einem Sonntag in der Reihe der Kommunikanten auf und näherte mich dem Pfarrer, der als einziger die Kommunion spendete. Als ich an der Reihe war, schickte sich dieser an, mir vor allen Leuten die Kommunion zu verweigern. Weil es in der Reihe meinetwegen zum Stillstand kam, und lange peinliche Sekunden nichts mehr weiterging, schauten mich alle Leute an. Ich wich jedoch nicht von der Stelle, hielt weiterhin die Hand auf, und so war der Pfarrer nach langem Hinhalten gezwungen, mir die Kommunion zu überlassen. Wie kam es bloß dazu? Eine Woche vorher hatte der Dekan mir gegenüber anläßlich einer Begegnung bei einem Praktikum erklärt, daß ich exkommuniziert sei und die Sakramente nicht empfangen könne. Wahrscheinlich hatte er den Ortspfarrer angewiesen, das Urteil zu vollstrecken.

Ab da ging ich viele Jahre nicht mehr zu den Sakramenten, so sehr lastete der Schreck auf mir, es könnte sich eine ähnliche Bloßstellung wiederholen. Jetzt konnte ich die Empfehlung des Offizials in meiner Dispenssache, trotz meiner zivilen Ehe zu den Sakramenten zu gehen, in den Wind schreiben. Das sakramentale Band der Eucharistie, das uns als Brüder und Schwestern im Glauben ausweist, war gerissen, die Brücke zur Gnadengemeinschaft der Kirche war blockiert, wenn nicht abgerissen.

Eines Tages sprach uns eine Nachbarin an, ob ich denn bei der Caritassammlung nie eine Spende gebe. Wir konnten uns die Frage nicht erklären. Wir baten daher um eine Begründung. Da eröffnete sie uns, daß in der Sammelliste, die als Namen- und Haushaltsliste aufgemacht war, neben meinem Namen der Platz für den Spendenbeitrag schon seit Jahren entwertet war. Ich bat Tage später die Sammlerin zu sagen, warum sie mein Haus übergehe. Sie entschuldigte sich mit dem Hinweis, daß sie die Liste vom Pfarrer solchermaßen vorbereitet erhalte. - Gewiß hielten mich auch andere in unserer Straße für einen Geizhals, ohne daß ich dazu einen Anlaß gab.

Weil sich viele andere Plagen, die aus einer derartig negativen Einstellung und Paschamentalität wie ständige Nadelstiche entspringen, nicht immer beweisen lassen, beschränkte ich mich in diesem Zusammenhang auf das, was hieb- und stichfest ist.

Sicher fand ich am Ort mit der Zeit auch manchen Verständnisvollen und Sympathisanten. Aber sie äußerten sich unauffälliger als die anderen und blieben in der Öffentlichkeit unwirksam. Die ungute Situation am Ort trieb uns in das Ghetto. Wir zogen uns zurück und trafen unsere Bekannten und Freunde ausschließlich auswärts.

Aber auch dort verfehlte die schädliche Agitation ihre Wirkung nicht. Aus der Gefolgschaft unserer Widersacher gelangte eine Zuschrift an die hiesige Zeitung:

"Überall in der Welt wächst die Zahl der katholischen Priester, die sich dem Zwang zur Ehelosigkeit nicht länger unterordnen wollen. Viele von ihnen wären bereit, ihr geistliches Amt auch als Ehemänner fortzuführen. Man erlaubt es ihnen nicht, und ich meine zu Recht. Sehr viele Katholiken sind der Meinung, daß der Zölibat unbedingt erhalten werden muß, daß die Ehe sich für einen Priester nicht ziemt, der freiwillig diesen entsagungsvollen Beruf gewählt hat. Welcher Katholik, dessen natürliches, ästhetisches und religiöses Empfinden noch intakt ist, könnte die heilige Kommunion aus der Hand eines Mannes empfangen, der eben aus dem Ehebett kommt. Nichts gegen die Ehe als Sakrament, aber die Priesterweihe ist eben ein ganz anderes Sakrament und schließt das erste aus."

Diese und ähnliche verklemmte Vorstellungen im Sexualbereich stellten mich in die Ecke des Sittenlosen und Unbeherrschten, meine Frau in die Linie mit Verführerinnen und leichtem Gesindel. Wir bekamen das schmerzlich zu spüren, weil sich nicht alle Menschen um uns herum durch kritischen Verstand auszeichneten.

Erst durch die Menschen, die als Kinder in der Schule durch meine Hände gingen, konnte ich mich wieder als Mensch ausweisen. Das dauerte aber lange Jahre.

Ich berichtete über die Kampfansage des Pfarrers aus H, jenes Priesters aus der "Bewegung für Papst und Kirche". Er hat im Jahre 1968 meinen Entschluß zu heiraten wesentlich beschleunigt. Im Jahre 1972 aber, als ich ihn bereits vergessen hatte, brachte er sich plötzlich wieder in Erinnerung. Aus einer Entfernung von ca. 200 km warf er unflätigen Schmutz auf mich, hoffend, daß ich mich nicht wehren könnte, weil ich nichts davon erführe.

Bevor ich seine neue Attacke eingehend schildere, halte ich es für interessant, die Eigenart dieses Herrn kurz zu kennzeichnen. Ich lasse ihn mit einer Leserzuschrift an sein Bistumsblatt selbst zu Wort kommen. Er verwehrte sich dagegen, daß sich Unberufene in die Zölibatsdiskussion einmischten:

"Der heilige Zölibat ist *unsere* Sache! Wir haben in einer sakramentalen Weihestunde dieses Versprechen gegeben. Jeder von uns, einschließlich der "Protestpriester", einschließlich der Laisierten war damals sehr glücklich. Fast *alle* fassen den Zölibat bis in die Ewigkeit als Glück und Geschenk unseres Meisters auf. Ich bin für den Zölibat immer so dankbar gewesen wie für die gute Ehe meiner lieben Eltern ... Das Zölibatsversprechen ist doch kein unüberlegter Lausbubenstreich! Wenn es auch bei manchen Priestern kritische Stunden gibt - bei welchem Menschen gibt es sie nicht? - So gilt doch, daß der Zölibat wie das ganze Priestersein nur dort zur Last wird, wo einer etwas von seiner großen ersten Hingabe wieder zurücknehmen will. Ein Priester, der sich täglich neu Gott hingibt, der ist ein glücklicher Mensch."

Abgesehen von den sehr in das Auge fallenden apodiktischen Formulierungen, wie z. B. "der Zölibat ins *unsere* Sache ..., fast *alle* fassen den Zölibat bis in die Ewigkeit als Glück und Geschenk auf ...", und das noch dazu von unserem Herrn und Meister, gefällt ein so gezeichneter Priester jedem gutkatholischen Auge und Ohr. Wenn ich aber an die andere Seite dieses wohlgefügten Priesterselbstbildnisses denke, erinnere ich mich an das Wort vom Wolf im Schafspelz.

Am 30.1.1972 also wurde mir anonym sein jüngster Pfarrbrief zugeschickt. Darin behauptete er unter der Überschrift "Die Kolpingsfamilie stellt die Weichen richtig": "... Wenn die Pfarrei und der Pfarrer so behandelt werden, als würden sie nicht existieren, dann kann ich nicht einsehen, was da noch im Sinne unserer Kirche nützlich sein soll ... Ich habe wiederholte Male erklärt, daß auswärtige Priester nur mit Wissen des Pfarrers eingeladen werden sollen. Mein Wunsch wird nicht zur Kenntnis genommen. Wahrscheinlich habe ich meine Gründe! Ich darf nur erinnern an die traurigen Geschehnisse mit dem Exkaplan Kraus in G. Habe ich seinerzeit so unrecht gehabt, daß man mich anzeigen mußte?"

Was mußte ich mir zu dieser Geschichte denken? Ich verstand nicht, wie mir geschah. Ich fand bei mir keine Schuld im Zusammenhang von "traurigen Geschehnissen" in seiner Pfarrei, ich war auch kein "Exkaplan" und er wurde auch (jedenfalls von mir) nicht "angezeigt".

Ich rief den Verfasser kurzentschlossen an und stellte ihm die Bedingung, im nächsten Kirchenanzeiger die Verleumdung zurückzunehmen und diesen umgehend an mich zu senden. Widrigenfalls würde ich ihn anzeigen.

Im nächsten Pfarrbrief schrieb er: "Ich darf nur erinnern usw. ... (siehe obiges Zitat!) Ich nehme diese meine Bemerkung zurück."

Seinen Generalvikar wollte ich wissen lassen, wie seine treuen Priester für die gerechte Sache kämpfen. Ich schrieb: "... Ich habe von dergleichen "Mitbrüdern" zur Zeit meines Abschieds genug Böses erfahren, was ich inzwischen zu vergessen begann. Nun macht da wieder einer gegen mich Wind, weil ich ja weit vom Schuß bin. Ist es jetzt üblich den Sündenböcken "den Teil" noch in die Wüste nachzuschicken? Ich habe zu meiner Zeit als Priester im Amt genügend "Teile" getragen, die nicht die meinen waren. Ich muß nicht mehr daran erinnern! Aber jetzt muß ich meine Ruhe haben , wenn ich nicht ganz in die Wüste getrieben werden soll. Verzeihen Sie, manche "Seelsorger" widern mich an!"

Ich meinte vor allem meinen Ortspfarrer, der seinem Amtsbruder in H nicht nur mit dem Taufnamen glich.

Auf meinen Brief bekam ich zur Antwort: "Der Pfarrbrief von H ist mir inzwischen auch von anderer Seite zugeschickt worden. Sein Inhalt ist sicher unklug, die Bemerkung über Sie zumindest lieblos. Ob es gelingt, den Verfasser davon zu überzeugen, weiß ich nicht, ich will es jedenfalls versuchen."

Gab es für den Herrn aus H für diese Doppelzüngigkeit ein Vorbild. Lieferten nicht auch höchstrangige Mitbrüder Beispiele denkwürdiger Schizophrenie? Ich beziehe mich auf einen Bericht in der Tagesschau der ARD vom Karfreitag 1971:

In der gestrigen Gründonnerstagspredigt bezeichnete Papst Paul VI. die Priester, die aus niedrigen Beweggründen das Amt aufgeben mit Judas, der den Herrn verriet!

Auch die hiesige Zeitung brachte eine Meldung und nannte die Umstände dieser lieblosen Äußerung. Sie sei bei der Fußwaschung an 12 alten Männern in der Lateranbasilika gemacht worden. Der Papst bat, für diejenigen zu beten, die an die Stelle der Verräter treten.

Demgegenüber las ich kurz zuvor in der selben Zeitung: "Papst: Die katholische Kirche soll in der ganzen Welt jede Form von Diskriminierung bekämpfen. Das ist das Leitmotiv, unter das Papst Paul VI. den nächsten Weltfriedenstag (1. Januar 1971) und die Zeit vor und nach diesem Termin gestellt sehen möchte. Das offizielle Motto des nächsten Weltfriedenstages lautet: "Jeder Mensch ist mein Bruder". Ein päpstliches Dokument wird dazu im Herbst herauskommen."

Wer spürt in dieser Gegenüberstellung nicht die unheilvolle Verlogenheit? Oder sind Lügen von Bischöfen und dem Papst vergessen und verziehen, bevor sie getan sind?

Wer in Rom, der Metropole der katholischen Christenheit, die Linie im Zölibat im Namen der Kirche vertrat und auf welche Weise, fand ich in "Orientierung", einer katholischen Zeitschrift.[57] Der Verfasser ist Prof. J. Neumann, Tübingen:

Dem Journalist Leo Waltermann, Leiter der Abteilung Kirchenfunk beim WDR, gaben die Monsignori der "Kongregation für die Glaubenslehre" Lino Lanciotti und Herrmann Schwedt ein Interview. Zu Zölibat und Laisierung machten sie Äußerungen, die die Grundtendenz der etablierten Kräfte der institutionellen Kirche offenbaren. Diese Erklärungen sind eine kurze Summierung aller Diskriminierung, der ich und Leute meine Schlages damals von offizieller Seite ausgesetzt waren. Ich hatte immer Angst, daß auch Leute beim Staat, meine künftigen Arbeitgeber also, diese Vorurteile übernähmen. In dem Artikel hieß es "... Zunächst stellten die beiden Beamten einmütig fest, daß in absehbarer Zeit keine Änderung des Zölibatsgesetzes zu erwarten sei. Lanciotti zitierte Dantes Göttliche Komödie: "Laßt alle Hoffnung fahren, ihr die ihr eintretet", und formulierte sie um auf "ihr, die ihr austretet". Mögen noch so viele eine Änderung erhoffen und mögen noch so viele Bischofskonferenzen etwa eine Weiterverwendung laisierter Priester im priesterlichen Dienst befürworten, niemals werde "die Kirche" diesbezüglich nachgeben. Zwar ist alles möglich, aber alle Möglichkeiten enden nach Lanciotti in Rom.

Wer seinen priesterlichen Dienst aufgibt, ist entweder krank oder das Opfer einer peinlichen Fehlentscheidung aufgrund psychischer Unreife des Kandidaten oder wegen der Leichtfertigkeit seiner Vorgesetzten, die ihn trotz seiner Nichteignung zur Weihe zugelassen haben. Perfiderweise werden die um Laisierung nachsuchen abqualifiziert, als krankhaft, labil und erblich belastete und erbarmungswürdige Geschöpfe diskriminiert. Es sind arme, kranke Menschen, gegen die man entweder Gnade oder sogar Gerechtigkeit walten lassen muß, denn was kann schon ein solch Armer für die Weihe, die er empfing, "ohne es zu wissen, ohne es zu wollen". Es handelt sich offenbar um Halbidioten. Gott will das Priestertum "nur auf eine gesunde Pflanze aufsetzen, nicht auf eine geschädigte". Die augenblickliche Zölibatskrise sei daher auch nur eine "Krise der Reinigung", wo die Spreu vom Weizen gesondert wird, das Kranke vom Gesunden ... Wenn sich freilich einer erfrecht hat, Propaganda gegen den Zölibat zu machen oder vorsätzlich standesamtlich zu heiraten, dann, so bekennt Lanciotti, "sagen wir uns, wenn du so gegen die Kirche handelst, dann werden wir dich hinhalten, bis du dich fängst, etwas demütiger und bescheidener wirst". ... Ebenso müsse man jene, die schon eine Ehe eingegangen sind, erst recht warten lassen, denn es sei Zynismus, Bosheit. Der Autor dieser Zeilen bemerkt: "Damit hat er sicher recht. Es fragt sich nur, wer hier zynisch und bösartig ist, denn zweifellos trägt diese Methode Züge von Erpressung an sich."

Ich füge hinzu: Wären alle meine Mitbrüder im Amte vom Schlage Lanciottis und Schwedts, dann wären der Kirche nur "Kranke" und die "Spreu" geblieben.

Schüsse aus dem Hinterhalt

Die damaligen Unverschämtheiten und Beleidigungen hatten es so an sich, daß sie uns nicht nur persönlich in das Gesicht gesagt, sondern auch hinten herum oder ohne Namensnennung zugestellt wurden.

Als wir bereits in unserem Hause wohnten, brachte eines Tages der Postbote einen anonymen Brief. Er enthielt nur einen Abschnitt aus der Bildpost, eine gewisse G. F. Wien 15 soll ihn geschrieben haben. Der Artikel lautet:

"Beichte einer Priesterfrau

Auch ich glaubte, mein Leben mit einem verheirateten Priester aufbauen zu können. Er war gut, schön und freundlich, und ich war allein. Jetzt lebe ich mit ihm. Ich bin nicht mehr allein - äußerlich gesehen. Aber innerlich - welch traurige Einsamkeit, welche Angst.

Er zelebriert nicht mehr. Er ist "draußen", aber vielleicht war er Gott nie so nahe wie jetzt. Zu mir ist er immer gut und freundlich. Aber er gehört mir nicht. Er hat mir nie gehört. Der Mensch in ihm war zu klein, um den Priester zu verwischen, und dieser diente einem zu großen Meister, als daß er ihn vergessen könnte. Wie habe ich geweint!

Ich weiß, daß er einmal gehen wird. Er wird zurückkehren zu seinem Priesteramt. Ich werde allein bleiben. Aber diese Einsamkeit wird wie ein Segen sein und zugleich eine stille Buße.

Allen Frauen, die geneigt sind, meinen großen Fehler nachzumachen, möchte ich erklären, daß es zwischen ihnen und dem Priester eine unüberbrückbare Kluft gibt, und die heißt "geweihte Hände"! Niemand kann sich vorstellen, was diese einfachen Worte bedeuten. Man muß es erfahren, um es glauben zu können. Vor einigen Tagen saßen wir zu Tisch. Er trank ein bißchen Wein aus einem Glas mit derselben Geste wie bei der heiligen Messe, nur geschah es mit einer anderen Absicht. Laßt die Priester, sie gehören Gott! Mit Gott können wir keinen Krieg führen. Früher oder später ist er immer der Sieger."[58]

Ich will diesen Leserbrief nicht analysieren. Die Zusendung allein beweist, daß jemand unseren familiären Frieden stören wollte. Glücklicherweise sind wir aus anderem Holz geschnitzt als der oder die Artikelschreiber(in).

Am 20.1.77 erhielten wir einen recht merkwürdigen Brief. Er war an einen ehemaligen Mitbruder adressiert, der eine Frau aus dem schon erwähnten Orte H geheiratet hatte. Als Absender zeichnete komischerweise meine Frau, Brigitta Kraus, wohnhaft in W, z. Zt. aber in P, Postfach 45.

Nachdem der Brief wegen der Amtsaufgabe des Empfängers und aus Unkenntnis des neuen Wohnortes nicht zugestellt werden konnte, schickte ihn die Post an den genannten Absender mit Postfach 45 in P. Dort war meine Frau natürlich auch unbekannt. Dieses Postfach gehörte der Landesbesoldungsstelle einer Bezirksstadt. Aber da stand ja noch der Ort W, und dort landete der mit mehreren Unzustellbarkeitsvermerken gezierte Brief dann auch.

Wie staunten wir, daß also meine z. Zt. in P offensichtlich von mir getrennt lebende Frau an den ehemaligen Mitbruder einen Brief geschrieben haben soll. Bald ging das Erstaunen in Verwunderung über, als wir den Brief öffneten. Der Umschlag enthielt die Druckschrift einer Vereinigung mit dem Namen "Rosenkranz-Sühnekreuzzug um den Frieden in der Welt" Zweigstelle Wittelsbacherstraße 7, P. Nach langen, auf Fatima und Papst Paul VI. bezogenen Texten bezüglich Rosenkranzgebet um die Rettung der Welt, besonders der Gottlosen und Feinde Christi, steht die Aufforderung, zu unterschreiben und an die Rosenkranzgeschäftsstelle zurückzusenden. "Ich bin bereit, täglich wenigstens einen Teil des Rosenkranzes zu beten und Opfer zu bringen (z. B.

Leiden und Sorgen geduldig ertragen, alle Arbeiten gewissenhaft verrichten, Versuchungen mit Gebet überwinden), um so die Bekehrung der Sünder, den Frieden der Welt, heilige Priester- und Ordensberufe zu erbitten."

Handschriftlich war meinem ehemaligen Mitbruder zugesichert: "Wir beten für Dich, Dein Weihekurs. Alfons ist auch ein Mitglied des RSK".

Meine Frau schämte sich für diese Idiotie. Sie ärgerte sich über den Mißbrauch unserer beider Namen. Wenn dieser offensichtliche Neurotiker und pseudomarianische Eiferer in seiner Unverschämtheit eine richtige Briefaktion an mehrere "laisierte" katholische Priester gestartet hat? Die halten meine Frau dann ja für eine Übergeschnappte oder vielleicht jetzt reumütige Närrin, die sich von mir abgewendet hat und ein Büßerleben im fernen P führt, besorgt um die Rettung der verlorenen Priester.

Mich selbst betraf der Mißbrauch meines Namens weniger, weil ich mir nicht vorstellen konnte, daß meine Bekannten mich eines solchen Schwachsinns, einer solchen Gesinnungsänderung für fähig hielten.

Seitenhiebe

Unmittelbar nach meinem Abschied vom Pfarramt machten meine Angehörigen im Heimatort die traurige Erfahrung, daß die Kirchenbesucher mit ihnen die Kirchenbank nicht mehr teilen wollten. Es passierte, daß die Kirche brechend voller Menschen war, die Bank aber, in der meine Mutter saß, leer blieb. Manchmal kam es vor, daß Leute ihre Plätze verließen, wenn meine Angehörigen neben sie nachrücken wollten. Überhaupt waren Mutter und Schwester im ersten Jahr meines Berufswechsels starken Belästigungen durch Empörte oder Aufgebrachte ausgesetzt. Auch meine Schwiegermutter wurde von mehreren Bekannten, die unseren Schritt mißbilligten, nicht mehr beachtet, noch gegrüßt.

Ich litt immer sehr unter dieser unchristlichen Sippenhaftung, wenn ich davon Kenntnis erhielt. Was konnten unsere Familien für unsere Entscheidung?

Meine Mutter hatte die Courage, den Kontakt zum Heimatpfarrer aufrecht zu erhalten. Sie kassierte trotz aller üblen Nachreden die Jahresbeiträge für das "Priesterhilfswerk" weiter, wobei sie sogar in die Wohnungen der Mitglieder ging. Sie betrieb eine Art offensive Verteidigung. Meine Schwiegermutter war da empfindsamer. Ein dortiger Pfarrer strafte sie mit Verachtung. Wenn er sie mit einer anderen Person auf der Straße antraf, grüßte er die Begleiterin mit Namen und sie ignorierte er. Sein Vorgänger wechselte sogar die Straßenseite, um ein Zusammentreffen zu vermeiden. Das passierte öftere Male.

Eines Tages ereignete es sich, daß eine ältere Dame, die mir zur Primiz ein Geschenk gemacht hatte, dies zurückforderte, weil ich dessen nicht mehr würdig war. Sie habe das Geschenk einem Priester vermacht und keinem Abtrünnigen. Ich verpackte es säuberlich und schickte ihr ihr Präsent wieder zurück. Sogar ihren Brief packte ich dazu, daß mich nichts mehr an sie erinnerte.

Es gab sogar Leute, die das Geld reute, das sie für das Essen zur Primizfeier zahlten. Sie erinnerten sich nicht mehr, wie großzügig das Festmahl war, an dem sie teilnahmen.

Die ärgste Hetzkampagne im Heimatort meiner Frau betrieb ausgerechnet ihre beste Freundin. Jetzt zeigte sich, was sie wert war.

Ein Priester aus R unterstellte mir, ich hätte Brigitta nur wegen der Mitgift geheiratet, die er mir offenbar mißgönnte. Meine Schwiegermutter hatte nämlich einen Acker aus ihrer kleinen Landwirtschaft verkauft, um mit dem Erlös den Erwerb eines eigenen Hauses zu ermöglichen. Daran nahmen sie Anstoß und ziehen unsere Mutter der Unterstützung von Subjekten, die den Anspruch auf Erbschaft verwirkt hätten. Leute wie wir müßten enterbt werden, versuchte die Freundin meiner Schwiegermutter einzureden. Das Gegenteil bedeute eine Billigung unseres Schrittes.

Die "Freundin" suchte nach allen Schwachpunkten meiner Wirksamkeit in R und beredete sie mit Leuten im Orte.

Die Menschen dort, soweit sie sich äußerten, fanden überhaupt, daß wir in der Kirche von R auch zum Sonntagsgottesdienst nichts verloren hätten. Ich fügte mich diesem Diktum nicht ohne weiteres. Als ich mich einmal nach dem Gottesdiest vor der Kirchentüre mit Bekannten unterhielt und mich absichtlich für die Begegnung mit dem Pfarrer aufbaute, ging er ohne Gruß an mir vorbei, als ob er mich nicht kannte. Dabei war er mit mir im Priesterseminar. Am Allerheiligenfeiertag befand ich mich mit meinem kleinen Sohn zur Gräbersegnung auf dem Friedhof. Wir stellten uns an das Grab des Schwiegervaters. Da nahmen viele Leute daran Anstoß und bezeichneten meine Gegenwart als Provokation der Geistlichkeit von R.

Überhaupt zerissen sich gerade jene am meisten und lieblosesten die Mäuler, denen ich als Kaplan die größte Aufmerksamkeit geschenkt hatte. Sie erinnerten sich plötzlich, daß ich angeblich damals schon erkennen ließ, daß es mit mir einmal schiefgehen müßte.

Ich bin froh, daß sich nach schweren Jahren der Diskriminierung und Distanzierung in unserer Heimat das Blatt zum Positiven gewendet hat. Im Heimatort meiner Frau, wo sich ähnliche Fälle von Priesterheiraten oder Priesterbeziehungen häuften, in meiner Heimat, als in und um unsere Pfarrei ehemalige evangelische Pfarrer mit ihren Familien installiert wurden. Es waren dies evangelische Pfarrer, die zum katholischen Glauben konvertiert waren. Sie waren ohne Bindung an das Zölibatsgesetz z. B. an meinem Heimatort W und in der Umgebung wirksam.

Sanktionen

Mein damaliger Schritt in die für mich einzig richtige Richtung hatte für mich natürlich eine Menge einschneidender und schmerzlicher Folgen.

Die erste war der berufliche Abstieg in das Nichts und der Verlust der Ehrbarkeit und des Ansehens. Ich war plötzlich ein Nobody, wo ich doch vorher "Hochwürden" genannt wurde.

Ich befand mich auf Anordnung der kirchlichen Instanz in einem fremden Land, wo mich keiner kannte. Wir waren Vertriebene der Kirche, Flüchtlinge durch ihre "Gnade". Im neuen Lebensbereich war mein bisheriges Wirken, mein Engagement und Einsatz, alles, was meine Person auszeichnete, unbekannt. Ich war aus dem Nichts gekommen, aus einer Vergangenheit, über die man nicht gerne sprach. Mein Leben zählte erst wieder ab dem Zeitpunkt der "Laisierung". Jede frühere Leistung war bedeutungslos. Ich besaß nur eine armselige, würdelose Gegenwart und eine ungewisse Zukunft.

Dieser Zustand wurde mir erstmals soz. offiziell anläßlich meiner standesamtlichen Trauung bewußtgemacht. Als wir nämlich das Aufgebot bestellten, war die Frage nach meinem Beruf aktuell. "Priester" war im anstehenden Zusammenhang unbrauchbar, wenn nicht sogar ehrenrührig. So meinte ich dem Fräulein Sekretärin gegenüber, daß wohl "Lehramtsanwärter" der passende Ausdruck sei. Da belehrte mich aber die junge Frau zurecht, daß ich bis zu diesem Ziel noch einige Mühe vor mir hätte. So wurde mir in der Heiratsurkunde die noch nicht einmal zutreffende Berufsbezeichnung "Student" verpaßt. Eigentlich war ich noch *ohne Beruf*, obwohl ich schon 35 Jahre zählte.

Auch die Kirche in P genierte sich nicht, mir nach meiner kirchlichen Trauung fast zwei Jahre später den Titel "Student" in das Stammbuch zu verpassen. Inzwischen war ich bald 37 Jahre alt.

Zwei Monate nach meinem Wechsel in das zivile Leben meldete sich der Sachbearbeiter für unser Begehren, kirchlich zu heiraten. Erst mußte aber die "Laisierung" betrieben werden. Prälat K war für meine Sache zuständig. Er erwies sich als ein Kirchenmann, dem ich noch heute Dank und Vertrauen entgegenbringe. Er verhielt sich zu mir jederzeit brüderlich und loyal.

Als K mit mir im Marienheim zu S ein langes Protokoll auf vorliegende Fragen angefertigt hatte, drängte er mich, umgehend standesamtlich zu heiraten, damit der kirchlichen Diskriminierung nicht noch eine weltliche folgte.

Also war ich kirchlich diskriminiert! Darüber gab es ja schon längst keinen Zweifel mehr. Aber weswegen weltlich? Wie ich später erfuhr, ging er von der Fama aus, daß Brigitta ein Kind bekam und höchste Zeit zur Hochzeit war. Er hatte auch gehört, daß wir in einer gemeinsamen Wohnung hausten. Damals, im Jahre 1969, war eine sog. wilde Ehe ohne Trauschein noch höchst verwerflich, zumal, wenn da auch noch ein illegitimes Kind zu erwarten war.

So heirateten wir, willfährig wie wir waren, in großer Eile schon am 28. März 1969. Wir hatten ursprünglich geplant, zu warten, bis wir wieder festen Boden unter den Füßen hätten.

Die Sanktionen reichten bis in meine Geldangelegenheiten. Die Geistlichen der Diözese hatten ihre Gehaltskonten bei einer Bank in P. Die Kontoauszüge trugen meine Dienstbezeichnung "Expositus". Plötzlich erschienen sie mit der Titulatur "Laie". Auch auf dem Briefumschlag konnte man jetzt lesen:

"An Herrn Laien

Alfons Kraus

S

Ahornstraße 6"

Weil ich fand, daß dieser Titel idiotisch war, und sich gerade ein Anlaß fand, so schrieb ich an meine Bank:

"Betrifft: Beitrag zum Klerusverband

Merkwürdigerweise sind Angestellte der Bank im Laisieren schneller als der Papst in Rom. Oder hat man in P nur vergessen, mir das Ereignis mitzuteilen? Nicht daß ich titelsüchtig wäre! Es liegt mir im Grunde nur daran, festzustellen, ob Sie den Jahresbeitrag zum Klerusverband in meinem Fall für gerechtfertigt halten ...

Mit den besten Grüßen

Alfons Kraus

Priester ohne Amt"

Die schwerstwiegende Sanktion war die Exkommunikation, die ab der standesamtlichen Trauung eintrat. Sie bedeutete den Ausschluß aus den Sakramenten und den Verlust der kirchlichen Ehrenrechte. Für den Fall meines Todes würde mir das kirchliche Begräbnis verweigert. Meine Kinder galten als "Sacrilegi", d. h. aus einem Gott beleidigenden Verhältnis geboren, minderwertiger als die illegitimen Kinder. Vielleicht war das für den Ortspfarrer der Anlaß, die Aufnahme meines Sohnes in den Kindergarten zu problematisieren.

Natürlich galt diese Exkommunikation auch für meine "Komplizin", meine jetzige Frau.

Mir und ihr war das inzwischen völlig egal. Wir hatten nach allen unliebsamen Ereignissen der zurückliegenden Zeit kein Gefühl mehr für eine solche Demütigung. Es kam auf einmal mehr oder weniger nicht mehr an. Prälat K empfahl uns auch, die Strafe nicht überzubewerten, ja sie beim Empfang der Sakramente zu ignorieren.

Für unsere Eltern war die Angst um die ewige Seligkeit unser aller groß. Darum erschien Prälat K eines Tages bei meiner Mutter und redete ihr die Angst wegen unserer Exkommunikation aus.

Damit ist das Maß der eingetretenen Sanktionen noch nicht erschöpfend dargestellt. Für mich galten ab der Heirat und vor allem ab der "Laisierung" folgende Restriktionen:[59]

- ich hatte mich von Orten fernzuhalten, an denen mein priesterlicher Status bekannt war. Bei der kirchlichen Trauung präzisierte der Offiziant: z. B. an Ihren Heimatorten!

- die Eheschließung war geheimzuhalten. Es konnten weder Verwandte, Freunde, Arbeitskollegen anwesend sein.

- es war verboten, irgend eine Funktion aufgrund der heiligen Weihen zu vollziehen. (Das betraf nicht die Absolutionsvollmacht bei Todesgefahr.)

- es war verboten, irgendeinen liturgischen Anteil zu übernehmen bei Gottesdiensten mit Volk, wo meine Stellung bekannt ist, sowie jemals eine Predigt zu halten.

- es war verboten, irgendein seelsorgerisches Amt auszuführen.

- es war mir verboten, das Amt eines Rektors (oder ein anderes leitendes Amt), eines geistlichen Leiters und eines Dozenten zu versehen an Seminaren, theologischen Fakultäten oder ähnlichen Einrichtungen.

- ebenso war mir verboten, das Amt eines Direktors einer katholischen Schule oder das Amt eines Religionslehrers an irgendeiner katholischen oder anderen Schule zu versehen.

Ich verweise aber darauf, daß ich über alle diese hier zuletzt genannten Sanktionen nicht aus einem Laisierungsdekret Kenntnis habe, sondern aus einer anderen Quelle.[60]

Ein solches Dekret erhielt ich nie! Somit bin ich eigentlich nicht "laisiert". Das ist geltendes Recht. Heute, 20 Jahre nach meinem Ausscheiden aus dem kirchlichen Dienst dränge ich mich ohnehin an keine der genannten Betätigungen. Ich hätte aber in allem die Freiheit, zu tun, was mir beliebt. Ich bin Priester in Ewigkeit: Die "Laisierung" halte ich für einen Verstoß gegen die Berufung und Sendung von Gott. Sie ist, um es theologisch zu sagen, gegen göttliches Recht.

Unverständnis und Anklagen

Ich erwartete nicht, daß alle Leute meinen Entschluß zu heiraten billigten. Ich war mir auch von Anfang an bewußt, daß an meiner Entscheidung eine Reihe von Menschen, die mir nahe standen, leiden mußten.

Wir beide, meine Frau und ich, stammten aus einem kleinen, überschaubaren Ort. Dort kannte jeder jeden. Heute ist das vielleicht anders, weil die Orte gewachsen sind, und sich die Menschen gleichgültiger gegenüberstehen. Das Milieu, in dem unsere Familien lebten, war durch und durch katholisch und ekklesiogen. Der Pfarrer genoß als Pendant zum Bürgermeister höchstes Ansehen. Unsere Familien und Verwandten sowie die vertrautesten Bekannten und Freunde sind biedere und herkömmlich gebildete Leute. Mit wenigen Ausnahmen sind sie in ihrem Urteil nicht völlig frei von der allgemeinen Denknorm. So waren sie anfänglich samt und sonders völlig fassungslos und konnten meinen Schritt nicht begreifen.

Gewiß lasen sie in jenen Tagen der avantgardistischen holländischen Unruhen jeden Tag unwahrscheinliche Trendmeldungen und hegten die Hoffnung, daß das Problem demnächst allgemein bereinigt würde. Sie erfuhren auch zu ihrem Erstaunen, wie von den ihnen bekannten, z. T. vertrauten jungen Priestern immer wieder einer meinem Beispiel folgte.

Aber in den Jahren 1971/72 setzten starke restaurative Kräfte an, das Rad zurückzudrehen. Die Sicherheit vom baldigen Ende der Zölibatspflicht begann zu schwinden.

Der Bischof, der mich weihte, schrieb in seinem Bistumsblatt zur Krise der Priester- und Ordensberufe einen Artikel mit der Überschrift "Vergiftete Atmosphäre". Als Grund für die sinkende Zahl der Weltpriesterkandidaten nannte er die weitverbreitete Opferscheu, den mangelnden Glauben, die Porno- und Sexwelle, die wie eine zweite Sündflut sich über uns ergieße. Die Priester seien verunsichert bis in die Wurzeln ihrer Existenz. Früher galt einfach das Apostelwort: "So halte man uns für Diener Christi und Verwalter der Mysterien Gottes (1 Kor 4,1)". Jetzt aber rede man von Gemeindebeauftragung, vom Priester auf Zeit, vom Funktionär der Diözese, von neuem Humanismus; man gebe dem Hochwürden den Abschied und träume von Priesterin und Frau Pfarrer. Die Massenmedien seien schuld an dieser Verunsicherung, die mit Vorliebe all das aufgriffen, was der Kirche und den Priestern abträglich sei, die Massenmedien, die sich mit Lust und Wonne auf gewisse Vorkommnisse stürzten und in den Schlagzeilen die Meinungsbildung der Leser manipulierten, wie beispielsweise in der Abschaffung des Zölibats. Es sei höchste Zeit, daß wir der Verunsicherung ein Ende bereiten.

Die Saat, die er da ausstreute, trug ihre Frucht bei unseren Leuten, die sich allmählich nicht mehr auf eine Änderung der bestehenden Ordnung zu hoffen trauten.

Ich will hier versuchen, den Wogengang des Widerspruchs und der Zustimmung oder wenigstens der Ergebung in die Situation aus den damaligen Briefen aufzuzeigen.

1968 schrieb mir meine Mutter: "Daran würden sich viele hier in unserer Gemeinde stoßen, auch überall, wo Du warst. Hunderte, ja Tausende in der Umgebung würden sagen: So sind die Priester! Was sollen wir da noch glauben? Tue ihnen den Gefallen nicht und sei standhaft mit Christus in Glaube, Hoffnung und Liebe; ich legte Dir Dein Primizbildchen bei. Bedenke auch, was Du da liest! Mein einziger Wunsch zum neuen Jahr ist, daß Du Deinem Priesterstand jetzt treu bleibst. Sei auch gut zu Deiner Mutter, sonst müßte ich mein Leben lassen, denn dies hielte ich nicht mehr lange aus."

Meine Mutter schrieb mir viele solcher Briefe. Ich war auch nicht aus Stein und war immer tief getroffen. Aber ich konnte und wollte nichts anderes als meinen Weg in Anstand weiterzugehen.

Brigittas Mutter stand bei all ihren Bedenken und Sorgen hinter uns. Sie schrieb: "... Den ganzen Tag bin ich in Gedanken bei Euch und auch in den schlaflosen Stunden der Nacht ... Ich habe zu unserer Lieben Frau gebetet, daß die verheirateten Priester den unverheirateten im kirchlichen Dienst nicht nachgestellt werden. Das ist ein großes Anliegen. Ich müßte mir Gedanken machen, daß durch meine Tochter ein Arbeiter im Weinberg Gottes weniger geworden ist, da doch ein so großer Priestermangel herrscht. Das könnten wir nicht verantworten ... Letzten Sonntag war Deine Freundin da, die kann es gar nicht fassen, was Du jetzt gemacht hast."

Später klagt sie: "Es kann mir nicht gleichgültig sein, was die Leute sagen. Ich gehe sowieso nur mehr abends aus, wo mich nicht mehr so viele Leute sehen. Denn viele fragen mich über Dich aus. Es geht ja schon wieder das Gespräch um, daß Du in S bist und Herr Kraus in Z. Ich lasse sie auf ihrem Glauben, denn dann seid ihr nach ihrer Meinung doch wenigstens weit auseinander."

Ein Brief von meinem bereits bekannten Cousin, der als Seminarist im Konvikt zu S gerade zu den Osterferien zu Hause weilte, resumiert die Stimmung bei den weiteren Verwandten: "In der letzten Zeit wurde über Dich und Deine "Umgebung" sehr viel geredet. Ich glaube natürlich von all dem nichts, wenn man es mir nicht beweisen kann. Man wollte mich schon öfter schicken, um Dich auszufragen. Ich soll Dir auch sagen, daß Du uns einmal besuchen sollst; denn Deine Tanten "müssen" unbedingt mit Dir sprechen. Sie stehen natürlich 100 %ig gegen Dich. Auch sind sie die erste Zeit schwer über Dich hergezogen."

Meine Mutter ließ nach dem anfänglichen Briefsturm lange Zeit nichts mehr von sich hören. Meine Schwester bestellte mir: "Ich habe der Mama jeden Tag gesagt, sie soll Dir schreiben. Sie hätte es auch schon lange getan. Sie wußte nur nicht, was sie schreiben soll. Sie sagt: "Ich kann doch nicht schreiben, daß er recht getan hat."

Endlich gab mir auch meine Cousine, eine Handarbeitslehrerin im Orden der Armen Schulschwestern auf einen Brief Antwort: "Glaube mir aber, um Deine Zukunft ist mir bange. Mögest Du da auch nie den Mut, die Kraft und das Gottvertrauen verlieren! ... Die Ehelosigkeit ist sicher nicht das zentrale Problem, aber es fällt halt nach außen hin am meisten ins Auge. Das katholische Volk lehnt noch zum großen Teil solch einen Priester ab. Die Schuld daran liegt aber meines Erachtens mehr in der Leitung der Kirche. Darum müßte der entscheidende Schritt von dort her kommen, so daß sich die Auffassung der Gläubigen allmählich wandeln könnte ..."

Reaktionen

Ich konnte gut verstehen, daß mich die Kirchenleitung so bald nach meinem Weggang vom Amt nicht wieder in priesterliche Funktionen einsetzen wollte. Ich selbst habe mich gegen den priesterlichen Dienst im Junktim mit dem Zölibat gewandt und nun hatte ich auch kein Recht, dieser Kirche Vorwürfe zu machen, daß sie mich so nicht haben wollte.

Nein, das war es nicht, was mich verdroß. Das Schlimmste von allen Begleitumständen war, daß man nicht in Anstand scheiden konnte. Man erwartete zwar von mir, daß ich mich wie ein "sehr lieber Sohn der Kirche" verhalte, aber sie begoß mich fortwährend mit Schimpf und Schande.

Es traf mich tief, daß man mir mein Bekenntnis durch das Versprechen entlockte, ich könnte im kirchlichen Dienst weiterverwendet werden, zwar nicht als Priester, aber irgendwie: In der Schule, in der Administration oder in der Planung. Dann wurde ich entlassen, und alle Bettelbriefe um Arbeit wurden mit der Bemerkung quittiert: "Wir haben Ihren Brief erhalten und wünschen Ihnen Gottes Segen für den weiteren Lebensweg!"

Was mich ferner verärgerte, waren die Ergebnisse von Rundfragen bei Priestern und Anwärtern. Bis zu 90 % verlangten sie bisweilen ihre Befreiung aus dem auferlegten Zwang. Überall war es eine satte Mehrheit für eine humane Lösung. Und alle diese Voten versandeten im Nichts. Die Kirchenleitung ignorierte sie und münzte sie ins Gegenteil um.

Je mehr ich mich dem Termin näherte, an dem an der PH das Semester zum Beginn des Lehrerstudiums begann, desto tiefer wurde meine Enttäuschung, und die Hoffnung, je wieder genommen zu werden, schwand. Meine momentane seelische Verfassung drückte ich periodisch je in Briefen an verschiedene Stellen aus, manchmal auch an Stellen, von denen ich nicht wußte, was sie mit ihnen anstellten.

Einen Kurskollegen ließ ich wissen:

"Heute melde ich mich zum ersten Male aus S. Ich habe die ersten Wehen lebendig überstanden und ich bin über meinen Schritt sehr froh. Die Wahrhaftigkeit hat mir große Schmerzen gebracht. Ich will mich nicht als Märtyrer aufspielen, aber Christus sagt von sich, daß er die Wahrheit ist.

Ich klage meine Kirche nicht an, weil sie so lieblos ist. Aber ich habe Erbarmen mit ihr, weil sie so töricht ist. Sie nennt sich christlich, sie ist es aber oft nur dort, wo sie es selber nicht weiß. Sie hat die frohe Botschaft an das Kirchenrecht verraten. Aber was solls? - Ich möchte durch diesen Brief von mir aus nur einen kleinen Kontakt zu Dir und meinen Kurskollegen aufrechterhalten. Vielleicht gibt es einmal eine Zeit, wo die Wahl einer anderen Lebensform nicht mehr als trennendes Hindernis betrachtet wird ..."

Für eine Situationsanalyse meines emotionalen Zustandes eignet sich der Brief an den Generalvikar:

"Morgen beginne ich in F mit meinem Studium. Dabei hat mich in den vergangenen Monaten das Bewußtsein nicht losgelassen, daß ich doch schon einen Beruf habe, den Priesterberuf ... Ich bin davon überzeugt, Gott fragt bei seinen Priestern zuerst nach ihrem Glauben. Wird er auch nach dem Zölibat fragen? - Für manchen kann das Verbleiben im Zölibat verhängnisvoller sein als das Gegenteil. Gott ist die Wahrheit, darum will er, daß wir wahrhaftig sind ... Ich bin froh für meinen Schritt und übergebe Gott meine Zukunft. Ich wollte Ihnen heute eigentlich nur sagen, daß ich die Hoffnung nicht aufgeben werde, daß sich die Kirche meiner erinnert. Wenn die Kirche Priester braucht, ist es da nicht unverständlich, daß ich ohne Arbeit bin? Meine Bereitschaft gilt immer, ich habe ja mein "Ja" nicht zurückgenommen."

Der Generalvikar machte mir auch für die Zukunft keine Hoffnung: "Besten Dank für Ihren Brief. Ich habe mich darüber gefreut. Daß es Ihnen schwer fällt, auf die priesterlichen Funktionen verzichten zu müssen, verstehe ich und begreife Ihren Wunsch, die kirchlichen Bestimmungen möchten doch eines Tages eine Änderung erfahren. In der gegenwärtigen Diskussion um den Zölibat sehe ich allerdings keinen Weg. Für Ihr Studium wünsche ich guten Erfolg; da Sie schon gute Erfahrungen haben, wird es für Sie kaum Schwierigkeiten geben."

Gegen Ende des ersten Semesters erhielt ich von einem sich noch im Amt befindlichen Mitbruder, einem Kaplan, folgenden Brief: "... man erzählte sich, Du seiest radikal geworden. Du hättest kein Interesse mehr an der kirchlichen Trauung. Ich lege Dir einen Pfarrbrief bei, damit Du siehst, für was man bei uns kämpft."

Was sollte ich von dieser Fama und den "Kämpfern" halten? Wer verbreitete Geschichten gegen mich? Mich packte der helle Zorn! Verärgert fragte ich zurück:

"Wer konnte die Geschichte von meiner "Radikalität" erfinden? ... Ich muß mir immer wieder denken: Wie doch Christen so lieblos sein können und so naiv unbefangen lügen! ... Ich verzichte auf eine Analyse unserer Kirche von heute, obwohl ich mir sehr viele Gedanken mache und Äußerungen klerikaler wie nichtklerikaler Menschen über deren Zustand kenne. - Ich danke Gott für die Kraft zu meiner Entscheidung, die ich mit gutem Gewissen getroffen habe und die ich - wie ich glaube - im Tod nicht bereuen werde. ... Mein Studium in F betreibe ich mit dem gleichen Ernst wie einst das Studium der Theologie. Ich lieferte auch dort noch nie Proben von "Radikalität".

Mein persönliches Leben kennst Du. An meinem Optimismus hat sich noch nichts geändert. Über meine Verleumder muß ich lächeln. Ich kann sie nur bedauern, denn alle Unwahrheit fällt einmal auf die Lügner zurück.

Lieber Mitbruder, wenn Du mich in Deinen Nöten brauchst, bin ich zur Stelle. Ich weiß nämlich, wenn man aus der Reihe tanzt, auch mit gutem Gewissen, wirst Du alleingelassen. Es hilft Dir keiner. Du mußt froh sein, wenn Dich einer einläßt.

Grüße mir gelegentlich die Kapläne von der Gemeinschaft. Wenn Du einmal gute Gelegenheit hast, kannst Du die Aufmerksamkeit mit der "Radikalität" zurechtrücken, meinetwegen als gutes Beispiel dafür, wie man die abwesenden Brüder mit Gebet und Liebe begleitet."

Ich signalisierte Optmismus, war aber im tiefsten Herzen resigniert und aufgebracht. Am Tag vorher hatte ich die hier unterlassene Analyse der Kirche im stillen Kämmerlein in mein Tagebuch geschrieben:

"Ich hätte manches zu sagen, wie dieser Machtapparat, der sich Kirche nennt, voller Lug und Intrigen ist. ... Überhaupt bin ich so weit, daß ich zwar an die Kirche glaube, aber nicht an ihre gegenwärtige Struktur. Ich finde nirgendwo in der Schrift, daß sie hierarchisch, sondern diakonisch konzipiert ist. Ich lehne diese Kirche überall dort ab, wo sie auf Menschen Macht ausübt, während sie dienen soll; wo sie sich mit den Mächtigen und Großen der Welt einläßt, um die Kleinen zu verachten. Wo sie mit ihrem Pomp Gott verspottet, der armselig am Kreuz gestorben ist und den sie zu verherrlichen vorgibt. Diese triumphalistische Kirche unserer Tage halte ich für einen Anachronismus, dem man nur wünschen kann, daß er ein Ende nimmt, damit die Kahal Christi wieder IHM ähnlich wird, von dem es heißt: "Erschienen ist die Güte und Menschenfreundlichkeit unseres Gottes." Doch darüber ist im Grunde jedes Wort zu viel, weil es vergeblich ist. Es gibt Mächte, die halten sich durch brutale Gewalt am Leben, andere durch die Dummheit und Feigheit ihrer Gläubigen. Ich kenne fast nur geistliche Mitbrüder, die das "System" ablehnen, die heiraten wollen, die Menschen sein wollen; aber sie fürchten sich, sich zur Wahrheit zu bekennen. Wie soll ich eine solche Kirche lieben, die mich verachtet? Wie soll ich daran glauben, daß ich Priester bin, wenn die "Kirche" mir das Bewußtsein dessen durch eine "Laisierung" und Negierung nehmen will? ... Und trotzdem liebe ich die Kirche, weil ihre gegenwärtige Struktur auf dem Wege ist, sich zu verändern, und weil aus ihrer Asche Christus wieder und wieder auferstehen wird. ... Ich will nicht gegen Gott klagen. Ich habe ihm viel mehr zu danken. Er hat nicht nur genommen, er hat viel reichlicher gegeben:

Das Bewußtsein, für die Wahrhaftigkeit ein existentielles, persönliches, beachtliches Opfer gebracht zu haben.

Eine Frau, die ich über alle Maßen liebe.

Ein Kind, das bald mit allem Segen der Erde und des Himmels das Licht der Welt erblicken wird.

Ein Haus, das unsere neue Heimat ist.

Einen Beruf, den ich zwar erst anstrebe, aber den mir Gott aufgewiesen hat.

Ich habe Gott nicht totgesagt. Er gebe uns seinen Segen."

So schrieb ich mir die volle, tiefe Enttäuschung von der Seele. Bald geschah das nicht mehr nur für mich privat im Tagebuch, sondern öffentlich, weil die Anklagen und bösen Gerüchte über mich nicht verstummen wollten.

Zuerst wandte ich mich an den Aktionskreis P, der zu mir Verbindung hielt.

"Obwohl von der offiziellen "Kirche" "seelisch krank", "unwürdig", "im Heil gefährdet", "fahnenflüchtig", "Judas" und "Dornenkrone" geschimpft, bin ich weiterhin vital am Leben gerade dieser Kirche interessiert ... Es ist nicht wahr, daß ich armer Sünder immer Höllenqualen leide und von meinem Gewissen gekreuzigt bin, wie man das mir, einem "abgefallenen Priester" immer andichtete. Ich wünschte, daß die Obrigkeit einmal eine echte Gewissensentscheidung respektiert!"

Es gab besonders unter den jungen Priestern viele, die mich für meinen Mut bewunderten und die mich um die getroffene Entscheidung und Wahl beneideten. Sie hatten die Kraft noch nicht. Bei ihnen dauerte es noch eine Weile. Einem solchen schrieb ich: "... Ich denke oft an Dich. Ich weiß um Deine Not und möchte Dich nicht noch mehr beunruhigen. Wie sehr wünsche ich doch, daß Dir alles erspart bleibt, was ich bisher ertragen mußte. Gewiß, nachdem alles vorbei ist, sieht die Welt wieder anders aus. Doch gestehe ich, daß ein beträchtlicher Groll zurückbleibt. Man empfängt von der Kirche Geld, ich z. B. den früheren "Lohn" und hat das bittere Gefühl, daß dem keine Leistung zugrundeliegt. Man sieht mit Bitterkeit, daß einem auf diese Weise Monat für Monat der Maulkorb angelegt wird. Ich habe oft das Bedürfnis, offen zu sagen, was nur "Außenstehende" sehen und empfinden können ... Ich vermisse die Freiheit, zu der ich freigemacht bin. Ich soll da einen Apparat lieben, der selbst seelenlos ist, vom Menschen aber die ganze Seele fordert. Ich sehe in der Gegenwart hauptsächlich das Spiel um die Macht. Es kann mich nicht wundern, wenn für viele Menschen, die guten Willens sind, nur die Resignation bleibt. Was hat uns das Konzil sonst schon gebracht außer unbrauchbaren Modellen. Ich hege nur Hoffnung auf lange Sicht. Eine weitgehende Umorientierung der intelligenten Jugend ... Ich verrate Dir kein Geheimnis, aber von der gegenwärtigen Konstellation in der Kirche erwarte ich keine effizienten Reformen. Die "Gegenreform" oder Restauration hat die Macht, und wer die Macht hat, hat das Recht."

Öftere Male schrieb ich um diese Zeit meine Meinung. Die Zeitungen veröffentlichten sie nicht. Sie waren zu sehr eingebunden in die Abhängigkeit der verordneten Meinung.

In der Sendung "Kirche und Leben" (ZDF) wurden die Zuschauer gebeten, ihre Vorschläge für die erwartete "Gemeinsame Synode der Bistümer Deutschlands" in Würzburg dem "Postfach Synode" anzuvertrauen. An erster Stelle der Themenwünsche stand immer der Zölibat der Priester. Ich selbst lieferte dort meine damalige Gesamtschau von der gegenwärtigen Kirche in einem umfangreichen Punktekatalog ab: "...

1. Ich wünsche mir die Kirche ehrlich, offen und aufrichtig (mit Personen und Finanzen). In ihr gibt es leider Intrigen, Falschheit und Unwahrhaftigkeit. Nach einem vorgefaßten Schema wird hier kategorisiert, katalogisiert, gerichtet. Man behauptet zwar heute gerne, diese Zeiten seien vorbei, aber das ist ein Selbstbetrug! Hochwürden und Exzellenzen hören das "gute, katholische Volk", widerliche Schmeichler, lieber als die Aufrichtigen oder Betroffenen selbst. Die Rechtsvermutung ist oft nicht beim Angeschwärzten, sondern beim Ohrenbläser.

2. Die Kirche soll nicht auf dem karitativen Wege regeln wollen, worauf die Gerechtigkeit einen Anspruch hat.

3. Die Kirche soll sich darauf besinnen, daß der arme Christus am Kreuz nicht regiert, sondern gedient hat. Die gegenwärtige Kirche ist zu rechtspositivistisch. Der noch vorhandene Konstantinismus, Ottonismus, Absolutismus wird oft mit göttlichem Ursprung begründet. Das Verlangen nach mehr Demokratie will nicht die Wahrheit verändern, sondern nur die Strukturen.

4. Die Kirche müßte sich als Hort der Freiheit verstehen und dürfte diese nicht fürchten. Unter Freiheit verstehe ich nicht Willkür, sondern das Recht zur Feststellung, daß Gott dem Individuum einen je persönlichen Weg zum Heil zugedacht hat (sofern es zu gewissen Grundakten bereit ist) und es nicht auf den kollektiven Weg des unkritischen Gehorsams festlegt.

5. Die Kirche müßte dem Menschen partnerschaftlich begegnen und dürfte ihn nicht verwalten.

6. Die Friedensappelle der Kirche wären glaubwürdiger, wenn sie unnötigen Explosionsstoff zuerst bei sich entfernt. Sie müßte im Sein und Verhalten die "arme Kirche" werden. Wieviel Unruhe und Unzufriedenheit und Unglaubwürdigkeit wäre beseitigt, wären sie nicht auf ein überholtes Priesterbild festgelegt.

7. Das Zölibatsgesetz halte ich in seiner gegenwärtigen Form für unchristlich, ja unsittlich.

8. Die Kirche erscheint oft als ein imaginäres, unpersönliches Etwas, als ein administrativer Apparat; den Menschen, die Christus und den Christen dienen, begegnet man selten.

9. Es dürfte den Unterschied der Person nicht geben. Vor dem Gesetz Christi müssen alle gleich behandelt werden. Aber leider genießen die "Großen" d. h. die Angesehenen, die Reichen und Wohltäter größere Sympathien als die Unkonventionellen und die Unbedeutenden. Die Diplomatie hat oft den Vorrang vor der Wahrheit.

10. In der Kirche müßte der Mensch den Primat vor der Ordnung und dem Gesetz genießen.

11. Die allzu wörtliche Identifikation der Kirche als corpus Christi mysticum mit dem Christus halte ich angesichts ihrer (nicht nur) unseligen Geschichte für verhängnisvoll. Für viele ist sie ja heute ein Hindernis, statt ein Weg zu Christus.

12. Die Kirche dürfte nicht bloßen Liturgizismus als Alibi für sonst ausbleibende Reformen betreiben. Die Reformbereitschaft und der Wille zur Ökumene müßte erst verifiziert werden. Ich finde die Kirche eher reaktionär als im guten Sinne fortschrittlich. Die Bischöfe haben Angst vor der beim Konzil bewiesenen Courage.

13. Die Kirche ist nicht das Reich Gottes auf Erden. Dieses ist nicht von dieser Welt. Aber die Kirche ist *ein* Weg zu ihm *durch* diese Welt. Die Kirche darf die Welt nicht dualistisch verkürzen, sondern sie muß daran glauben, daß Gott diese Welt durch die Inkarnation angenommen hat.

14. Über diese allgemeinen Gesichtspunkte hinaus habe ich noch konkrete Vorstellungen zu Predigt und Verkündigung. Es soll die frohe Botschaft verkündet und nicht Apologetik betrieben werden. Seelsorge im Teamwork und wirksamere Katechetik müßte versucht werden. Das politische Engagement müßte über das je gegenwärtige Regiment hinweg der sozialen Gerechtigkeit das Wort reden. Ich hege aber wenig Hoffnung, daß sich diese konkrete Kirche durch Argumente belehren und überzeugen läßt. Reformen werden ihr nur der Lauf der Zeit und der abnehmende Einfluß diktieren. Das ist auch der Grund für die weitreichende Resignation bei Priestern und Laien. Die Kirche verhält sich dort, wo sie kann, autoritär. Wie soll man ihr den Wunsch nach Mündigkeit der Laien glauben?"

So sah ich die Kirche damals. Wie erlebt sie unsereiner wohl heute?

Im fremden Land

Dem Wort Elend liegt das altdeutsche Wort Elilenti zugrunde. Es bedeutet "außerhalb des Landes". In der Fremde erwartet dich das Elend.

Brigitta und ich mußten die Heimatdiözese verlassen und dort hingehen, wo unser Fall unbekannt war. Das hat uns unserer angestammten Heimat entwurzelt und unserer Bekannten, Verwandten und Freunde beraubt. Nie hatten wir eine Hilfe, welcher Notstand auch immer nach Hilfe rief.

Seinerzeit empfahlen uns viele, diesem Diktat nicht zu folgen. Doch ich hatte gar keine andere Wahl. Ich war ja finanziell von der Kirche abhängig, und die Bereitschaft zur Unterstützung wird sicher mit meinem Gehorsam und Wohlverhalten gekoppelt gewesen sein. Außerdem begehrte ich die kirchliche Trauung. Wie hätte ich sie anders sonst erreicht als in der Erfüllung der Auflagen? Ich klagte die Kirche oft an, daß sie mich zum Ausgewiesenen, zum Heimatlosen machte. Alle Brücken brach ich damals hinter mir ab, und wo ich mich mit meiner Frau niederließ, betrachteten uns die Leute mit Skepsis. Wir konnten uns auch niemand anvertrauen, weil wir nicht wußten, wie sie alle zu unseren Problemen standen. Keine Seele war am Anfang da, der man sein Leid hätte klagen können. Die Verbindung zu meiner Mutter war zumindest zeitweilig sehr gestört. Ich könnte doch mit meiner Schande nicht mehr damit rechnen, zu Hause leben zu dürfen.

Wer konnte es mir verdenken, daß ich immer eine Art Lampenfieber spürte, wenn ich den Weg nach Hause antrat. Nur nicht gesehen werden wollte ich, so lange jedenfalls, bis ich aus Trotz alle Bedenken über Bord warf. Es drehte sich mir auch jedesmal das Herz im Leibe um, wenn ich auf dem Weg zu meiner Schwiegermutter an meinem Heimatort vorbeifuhr, als hätte ich ihn nie gekannt.

Ich sollte also nicht mehr hingehen, wo mein Status als Priester bekannt war, vornehmlich nicht in unsere Heimat! Die vertrauten Berge hätte ich vergessen sollen, die geliebte Silhouette der Türme, den Fluß. Jeder Stein dort erinnerte mich an meine Kindheit und Jugend. Und dort mitten drinnen stand das Haus für das ich jede Kelle Mörtel abmischte. Dort sollte ich die Existenzberechtigung verloren haben? Nicht auszudenken! In den Häusern dort wohnten die Menschen, die einst meine Freunde waren. Jetzt sollten sie plötzlich meine Feinde sein?

Aber es ist wahr, daß ich mich nach dem Willen der Kirche lange Zeit als Fremdling in meiner eigenen Heimat fühlte. Und warum all dies? - Weil lebensfremde Idiologen meinten, daß die Gläubigen dort Schaden nehmen, wenn sie von meinem Entschluß erfahren. Als ob sich das verheimlichen ließe, wenn die Gerüchte doch gerade von den Klerikalen ausgestreut wurden. Ich konnte gar nirgendwo hingehen, wo nicht mein Fall schon bekannt war, bevor ich hinkam.

Anläßlich unserer kirchlichen Trauung wurde uns vom Vizeoffizial und Offiziator, der die Zeremonie leitete, als verbotener Ort auch ausdrücklich der Heimatort meiner Frau genannt. Diese aber hätte lieber die Trauung platzen lassen, als mit dieser Vorbedingung einverstanden zu sein. Ich hätte diese barbarische Forderung sogar schriftlich akzeptieren sollen. Da unterschrieb ich zur Not, daß ich die Auflage zur Kenntnis nahm, um die Trauung zu retten. Ich kündigte aber zugleich an, daß ich mich nicht daran halten werde.

Wie sah die neue Bleibe, die wir in S eilig angemietet hatten, aus? Welche Bekannten gab es in unserer Zuflucht, welche Freunde? Niemand lebte hier, der uns den Einstand erleichtert hätte. Wir waren ja eingeschüchtert, ja keinem zu verraten, wer wir waren.

Wir fanden nur vier unwirtliche Räume, die wir mit dem vollständigen Inventar eines ganzen Pfarrhofes zum Möbellager umfunktonierten. Nichts paßte, alles tanzte aus der Reihe. Und da hätten wir auch noch auf eine strikte Trennung der Geschlechter achten sollen? -

Es wurde uns von den Hausbesitzern schnell aufgetragen, nachts die Klosetts zu meiden, weil die Wasserspülung zu laut war und die anderen Hausbewohner störte. Überhaupt das Wasser zu sparen, verlangten sie, beim Baden und bei der Wäsche.

Der Hausherr war freundlich, aber seine Frau begegnete uns mit krankhaftem Mißtrauen. Wir sprachen leise, und ich mied das an der Hochschule aufgetragene Gitarreüben. Ich übte dafür draußen im Wald bei den Hasen und Füchsen. Für diese Logie zahlten wir an den Makler drei Monatsmieten für die Vermittlung. Dabei mußten wir bei der damaligen Wohnungsnot noch froh sein, nicht auf der Straße zu stehen.

Wir konnten es uns nie ohne die Gefahr des Gesichtsverlustes leisten, jemanden in unseren Verhau einzuladen. Etwaige Gäste oder Besucher hätten glauben müssen, wir seien bar allen Geschmacks oder Altwarensammler. So kam es, daß wir von Januar bis März niemand in unsere "Wohnung" baten.

Ich selbst spielte bis Mai 1969 wider Willen Hausmann. Brigitta ging ihrer Arbeit nach. Ich war ja arbeitslos, und so oblag mir der Haushalt und die Wartung des Möbellagers. Hätte ich nicht alles aus Liebe getan, ich hätte alles kurz und klein geschlagen.

"Was du tust, das erledige mit Klugheit und berücksichtige das Ende!" lernte ich einmal. Ja, das Ende war es. Ein Ende mußte da her, und so ging ich auf Häusersuche. - "Ein eigenes Haus müssen wir haben!" dachte ich, "damit wir niemand mehr unseren Fall erst erklären müssen, bevor wir einen Mietvertrag unterschreiben; damit wir niemals mehr fremden Leuten ausgeliefert sind; damit unser Kind, das sein Kommen ankündigte, nicht in einem Möbellager zur Welt kommen muß!"

Und nun fanden wir einen verträumten Fleck: Ein neues Haus, wo niemals mehr jemand unsere Ruhe stören würde, ein Häuschen zwischen meterhohen Brennesseln, zwischen Gestrüpp, an einer staubigen Bauerndorfstraße. Hier gab es noch keine Kanalisation, gerade schon fließendes Wasser und elektrisches Licht. Telefon gab es nicht. Bis hierher reichten die Kabel der Deutschen Bundespost noch nicht, denn wir lagen am Rande der Welt.

Aber wir glaubten, es wäre im Sinne der Kirche, daß uns niemand mehr sah und keiner mehr etwas von uns hörte. Wir hatten uns zurückgezogen in uns selbst und lebten aus der Hoffnung auf eine bessere Welt.

Unser Haus war neuerbaut. Ein vermögender Metzgermeister hatte es als Sommersitz in die Einsamkeit gesetzt. Es besaß weite Fenster mit Blick in lauter unberührte Natur. Die Sonne schien hell in diese Fenster, und die Sonne unserer Zweisamkeit beleuchtete unsere trübsinnige Lage.

Aber ich kannte meine Kraft und vertraute in die Zukunft, wo ich aus dem Haus ein Paradies würde machen können. Da war auch meine Schwiegermutter, die uns das Grundkapital zur Verfügung stellte, um ein Abenteuer, wie ein Hauskauf es ist, riskieren zu können. Sie war es auch, die oft unsere Tage teilte, die wir holen durften, wenn die Not es verlangte. Von weit und oft mußte ich sie holen, bei Nacht und Nebel für ein paar Tage, ohne Ankündigung, denn wir hatten kein Telefon zur vorherigen Absprache. Aus 150 km Entfernung lotste ich sie in meiner Verzweiflung für unser kleines Kind herbei, wenn die Frau plötzlich in das Krankenhaus mußte. Ich selbst taugte zwar für den Übergang und für die erste Not, aber auf längere Zeit war ich wegen meines Studiums keine Lösung.

Gewiß, es wohnten Leute in unserer Nähe. Aber diese waren katholisch und wegen ihres treuen Glaubens vielleicht reserviert. Waren sie überhaupt zu einer Hilfe zu gebrauchen, nachdem sie im Wirtshaus höchstchristlich und mitbrüderlich über unsere Identität aufgeklärt wurden?

Es war ein großer Trost in den ersten Monaten unserer Geworfenheit, daß der Karten- und Briefstrom der zurückgelassenen Mitbrüder nicht versiegte. Sie schrieben uns gerne, standen sie doch selber schon auf dem Sprungbrett. Sie brauchten nur noch den letzten Mut zum Sprung in das kalte Wasser. Auch unsere Sorgen und Freuden teilten sie - aber eben alles aus der Ferne.

Gelegentlich fragten sie, wie sie es anstellen sollten, selbst das alles durchzustehen. Aber mit der Zeit blieben die Briefe aus. Die Brüder folgten meinem Beispiel und hatten jetzt ihre eigenen Sorgen. Einige resignierten und vergaßen uns in den Verpflichtungen ihres Berufes.

Gelegentlich wünschten wir uns selbst, daß keine Post mehr kam, weil uns oft belastende Gerüchte mitgeteilt wurden. Wir lebten besser nach der Devise: "Was ich nicht weiß, macht mich nicht heiß!"

Unsere Lebensumstände waren also trotz unseres Hauses nicht völlig unproblematisch. Aber ich nahm unser Los in feste Hände. Den Menschen um uns herum bewies ich durch Freundlichkeit, Hilfsbereitschaft und Fleiß, daß ich wie sie ein Mensch war und kein Antichrist und Teufel.

Mit der Verweigerung der Kommunion trieb uns schließlich der Pfarrer aus dem Tempel aus. Seitdem waren wir, weder meine Frau noch Kinder, noch ich selbst, nie mehr wieder in dieser Kirche. Nie mehr wieder würden wir bei diesem Pfarrer in den Gottesdienst kommen! Nicht einmal für den Fall eines Begräbnisses käme er für uns je wieder als Amtsperson in Frage. Wir hatten also ein Haus, aber die geistliche Heimat hatten wir schon wieder verloren. Wir mußten sie uns in der Nachbarpfarrei suchen, wohin wir jeden Sonntag mit dem Auto fuhren.

All das hatte zur Folge, daß wir uns auch in den restlichen Belangen unseres Lebens aus diesem Ort hinaus anderswohin orientierten. Wir hatten das Gefühl: Diese Kirche hält uns immer noch auf der Flucht!

Aber wer war schon die Kirche? - War sie der Pfarrer? Sind sie seine Freunde vom Stammtisch? Ist sie das Ordinariat der Diözese, in der wir uns als Fremdlinge fühlten? -

An dieser Stelle danke ich wieder Gott, der uns den Verstand gab, das Wort Kirche recht zu verstehen. - Die Kirche begegnet uns auch heute noch oft, wo ihr Name nicht geläufig ist.

Die "Laisierung"

Ich erinnere daran, daß ich in meinem Brief an den Bischof nur um die Befreiung von der Zölibatspflicht bat und nur bedingungsweise um die "Laisierung". Das eine gab es eben nicht ohne das andere.

Ich halte die "Laisierung" für einen Widerspruch zur geltenden Doktrin. Wer Priester ist, ist es auf ewig! Diese Meinung teile ich mit dem gegenwärtigen Papst.

Bald nach Eingang meines Antrags meldete sich Prälat K. Er war von der Kirche von P als Offizial aufgestellt. Von Anfang an erwies er sich als fairer Partner.

Ich zitiere aus seinem ersten Brief:

"Lieber Mitbruder!

Ihrer Bitte um Laisierung entsprechend hat mich unser Hochwürdigster Herr Bischof beauftragt, die Beweiserhebung, die mit der Vorlage einer solchen Bitte vom Heiligen Stuhl verlangt wird, durchzuführen. Die Fragen, die an Sie gerichtet werden müssen, hat der Bandverteidiger bereits zusammengestellt. Nun müssen wir uns verständigen, wann und wo ich an Sie die Fragen richten kann ... Ich ersuche Sie um Ihre Stellungnahme."

Schon eine Woche später schrieb der Offizial wieder: Für Ihr Drängen auf rasche Bearbeitung Ihres Bittgesuches habe ich Verständnis. Gerne schildere ich Ihnen den Verlauf eines solchen Verfahrens. Als Zeit und Treffpunkt für unser Gespräch schlage ich den 21.1.69, Marienheim in S, ein von Barmherzigen Schwestern geleitetes Haus vor. Da ich dort schon zu einer Konferenz war, fällt es bei den Schwestern nicht auf. Diese erfahren auf keinen Fall den Grund meiner Anwesenheit ..."

Hier muß ich einfügen, daß parallel zu meiner Befragung eine ebensolche meiner Vorgesetzten und Chefs, sowie meiner Schwester und Mutter stattfand. Auch andere Geistliche, die mich näher kannten, wurden vernommen.

Die Befragung meiner selbst liegt mir heute noch in Abschrift vor, da vergessen wurde, sie von mir unterschreiben zu lassen. Prälat K schickte mir das Protokoll mit dem Bemerken zu "Wir haben nun doch die Unterzeichnung des Protokolls übersehen. Mir ist es auch lieber, wenn Sie die Niederschrift nochmals überprüfen ..." Aus dokumentarischen Gründen füge ich das Protokoll dieser Sitzung an. Die Fragen kann man aus den Antworten folgern:

I. Allgemeine Fragen:

(Es handelt sich nur um Personaldaten!)

II. Fragen im besonderen:

1. Ich halte die von mir am 7.12.68 dem Ortsoberhirten der Diözese P vorgelegte Bittschrift aufrecht.

2. Schon im Zeitpunkt der Priesterweihe habe ich mich zum zölibatären Leben nur bekannt, weil ich ohne Übernahme dieser Verpflichtung nach den geltenden kirchlichen Gesetzen nicht hätte zum Priester geweiht werden können. Im Verlauf meines priesterlichen Lebens mußte ich erkennen, daß ich nicht für die Dauer des Lebens die Zölibatsverpflichtung tragen kann. Nur deshalb bitte ich um Lösung von dieser Verpflichtung. Ich würde von mir aus nicht um Lösung aus dem priesterlichen Dienst nachsuchen.

3. Ich begann meine höheren Studien im Jahre 1948 an der Spätberufenenschule K. Schon 1949 trat ich in das kleine Seminar in P ein und persolvierte die humanistischen Studien in P bis zum Jahre 1954 und bis zum Abschluß 1956 in D; dort war ich auch Alumnus im kleinen Seminar. In diesen beiden letzten Jahren war ich schon Subpräfekt. Diesen Weg bin ich aus freiem Willen gegangen.

4. Ich hatte im kleinen Seminar grundsätzlich den Willen, mich auf das Priestertum vorzubereiten. Ich war in der damaligen Zeit so erfüllt vom Ideal des Priestertums, daß mir Zweifel an der Berufung unzulässig erschienen. Gewisse Ängste habe ich deshalb versucht zu überwinden. Ich hatte kein Verlangen, mich in der Berufsfrage besonders beraten zu lassen. Deshalb machte ich beim Pater Spiritual nur die für alle vorgeschriebenen Besuche.

5. Ich hatte beim Absolutorium an der höheren Schule den festen Willen, Priester zu werden.

6. In das große Seminar zu P bin ich im Herbst 1956 eingetreten. Ich hatte auch dort den festen Willen, mich auf das Priestertum vorzubereiten. Dort allerdings bekam ich große Angst, ob es mir möglich sein wird, die zölibatäre Lebensform ein Leben lang durchzustehen. Ich habe aus dem Bedürfnis, diese Angst zu bemeistern und aufkommende Schwierigkeiten zu beheben, eine ungewöhnliche Aktivität entfaltet: Teilnahme am kirchlichen Vereinsleben; Bau des elterlichen Wohnhauses; wissenschaftlicher Assistent; Betreuung des Verkaufsstandes im Seminar; während der Ferien ständig Hilfspostbote.

7. Ich habe mich wiederum, um auch meine innere Not zu übertönen, mit Eifer dem philosophischen und theologischen Studium gewidmet.

8. Es war mir vor Empfang der heiligen Weihen bekannt, welche Verpflichtungen mit der Übernahme der heiligen Weihen verbunden sind und besonders, was das Zölibatsgesetz verlangt. Zu letzterem glaubte ich, daß ich auch verpflichtet sei, jede innere Verletzung der Keuschheit zu meiden. (Gedanken, Vorstellungen). Ich wußte andererseits nicht, was ein Kontakt mit einer Frau für den Mann im guten Sinn bedeuten kann. Die Frau wurde uns im kleinen Seminar nur mit negativen Prädikaten dargestellt. Es wurden in diesem Seminar schon geringe Versuche, mit dem anderen Geschlecht Verbindung aufzunehmen, z. B. harmlose Briefe, ungewöhnlich hart bestraft. Ich könnte namentlich Personen benennen, die sowohl das kleine wie das große Seminar wegen solcher Briefe verlassen mußten. Sie bewähren sich heute in ihren Berufen, obwohl sie sicher gerne Priester wären. Der Traktat über die Keuschheit wurde uns erklärt. Die Darlegungen waren jedoch nicht instruktiv genug, so daß ich mich veranlaßt sah, meine Kenntnisse durch zusätzliche Lektüre zu ergänzen.

9. Das zölibatäre Leben des Priesters wurde uns als conditio sine qua non dargestellt. Es wurde uns gesagt, daß diese Lebensform das vacare Christo im besonderen ermögliche. Ich habe diese Erklärungen nicht angenommen. Ich habe damals schon die Ehelosigkeit nicht als die geeignete Form für das vacare Christo erkennen können, sondern vielmehr das Leben in freigewählter Armut. So wurde für mich das Motiv zu priesterlichem Leben der Wunsch, für andere dasein zu können. Ich hatte bis dahin mit mir die Erfahrung gemacht, daß ich mit festem Willen alles fertiggebracht habe. Den gleichen festen Willen wollte ich hier ansetzen.

10. Ich habe die Keuschheit von Kindheit an zu bewahren versucht. Ich habe damals allerdings eine geradezu skrupulöse Angst vor sexuellen Sünden jeglicher Art empfunden, ohne um deren Eigenart eigentlich zu wissen. So bin ich auch lange Zeit hindurch fast jeden zweiten Tag zur Beichte gegangen. Das war noch im großen Seminar. Ein Beichtvater erklärte mir: "Wenn Sie so weitermachen, verlieren Sie den Verstand." Der Beichtvater nahm die Verantwortung auf sich. Es wurde für mich leichter. Ich habe die Schwierigkeiten im kleinen Seminar nicht überwunden.

11. Ich habe diese Schwierigkeiten dem Pater Spiritual im großen Seminar nur allgemein gesagt. Ehrlicher aber habe ich gebeichtet und oft gebeichtet. Die allgemeinen Ratschläge des Pater Spiritual habe ich befolgt. Ich habe, wie eingangs geschildert, mich von mir aus einer ungewöhnlichen Aktivität überlassen. Da ich immer wieder durch ernste Willensanstrengungen mehrere Monate hindurch ohne besondere sexuelle Schwierigkeiten sein konnte, hatte ich keine ernsten Bedenken, die theologischen Studien fortzusetzen und mich auf den Empfang der heiligen Weihen vorzubereiten. Ich hatte schließlich die Schwierigkeiten nicht mehr als gravierende erachtet, weil die Beichtväter diese Dinge übergingen.

12. Deshalb hatte ich keine ernsten Bedenken, mich weihen zu lassen.

13. Die Verhältnisse im großen Seminar waren für meine damalige Einsicht durchaus angetan, uns gut auf das Priestertum vorzubereiten. Die Seminardisziplin war gut. Der Geist der Frömmigkeit unter den Alumnen war unterschiedlich, vielfach mittelmäßig. Der Regens war in jeder Weise menschlich und priesterlich für uns ein Vorbild. Wir anerkannten seine Entscheidungen.

14. Dazu gab es weder eine Frage, noch eine Antwort!

Anmerkung zu Nr. 14 des Protokolls der Befragung anläßlich des "Laisierungsverfahrens":

Ich hielt die Auslassung seinerzeit für ein Versehen. Auch die darauffolgende Feststellung "Ich habe keine Befürchtung, daß eine geschlechtliche Abnormität vorliegt" weckte in mir noch keinen Verdacht.

Seit der Hauptversammlung der "Vereinigung katholischer Priester und ihrer Frauen" am 3. bis 5.3.1989 in Bendorf bei Koblenz kenne ich auch die Frage und Antwort zu Nr. 14 der Befragung. Die Frage lautete: "Liegt ein geistiger Defekt oder eine psychische Debilität vor?"

Die Antwort, die ich nichtsahnend wegen der allgemeinen Betroffenheit oder auch Kritiklosigkeit gegenüber dem Verfahren soz. blanco unterschrieb, gab für mich das Bischöfl. Konsistorium in P: Bei mir gebe es einen geistigen oder psychischen Defekt, mußte gemeldet worden sein, denn sonst wäre ich nicht laisiert worden. Es sei noch nie einer laisiert worden, berichtete mir Hermann Schwedt in Bendorf, der nicht wenigstens eines der drei "Laisierungskriterien" erfülle: Sexuelle Abnormität, geistiger Defekt, psychische Debilität.

Hermann Schwedt war bis etwa 1979 mit Lino Lanciotti Sachbearbeiter für Laisierungen bei der "Kongregation für die Glaubenslehre" im Vatikan. Ich führte mit H. Schwedt in Bendorf einige Gespräche, weil ich ihn und Lanciotti in meinem Buch wegen seiner Einlassungen im Interview mit dem Journalisten Leo Waltermann kritisierte (vgl. Orientierung v. 22.7.1971 S. 47f.). Ich schrieb: "Wären alle meine Mitbrüder im Amte vom Schlage Lanciottis oder Schwedts, dann wären der Kirche nur "Kranke" und die "Spreu" geblieben.

In diesem von mir getadelten Interview sind die Befindlichkeiten geistig insuffizienter oder psychisch debiler Personen durch folgende Merkmale genauer bezeichnet: Krank, labil, psychisch unreif, erblich belastet, erbarmungswürdig, einer, der die Weihe empfing, ohne es zu wissen oder zu wollen, Halbidioten, geschädigte Pflanzen, Spreu, zynisch, boshaft.

Diese Attribute uns angelastet zu haben, meinte Schwedt in Bendorf, dürfe man nicht als Lieblosigkeit seinerseits verstehen, sondern eher als Hilfe. Denn nur auf diese Weise habe man die große Zahl von heiratswilligen Priestern aus dem Joch des Zölibats befreien können.

Ich empfinde 20 Jahre nach meiner damaligen Befragung und deren Protokollierung über diese Verfahrensweise tiefstes Befremden. Das Konzept wurde mir mit dem Bemerken zugeschickt, daß vergessen worden sei, es zu unterschreiben. Warum ließ der Offizial die Frage so unauffällig offen, daß ich es gar nicht merkte, wie dort nach meiner geistigen oder psychischen Unzurechnungsfähigkeit gefragt wurde? Hätte ich hier Klarheit gehabt, dann wäre mir eine Unterschrift unmöglich gewesen. Im Nachhinein erkenne ich, daß in den vorausgehenden 13 Nummern meine Idiotie zielbewußt herausgefragt wurde.

So informiert kann ich meiner Kirche für die "Gnade" der Dispense vom Zölibat (wohlgemerkt bei der Strafe der "Laisierung"!) nicht mehr dankbar sein. Die Kirche stellte in einmaliger Lieblosigkeit meine personale Integrität in Frage, sie tat es bei all meinen zahllosen Mitbrüdern, die bisher der "Gnade" oder "Strafe" teilhaft wurden, und sie ist bis ad dato nicht gewillt, von dieser men-

schenverachtenden Praxis zu lassen. Und das alles im Namen der Liebe und Barmherzigkeit Gottes!

15. Ich habe keine Befürchtung, daß eine geschlechtliche Abnormität vorliegt.

16. Ich habe die höheren Weihen im Mai 1961 empfangen. Am 29.6.1962 wurde ich zum Priester geweiht. Ich habe die heiligen Weihen aus klarer Überlegung und aus freiem Willen empfangen. Ich war der festen Überzeugung, daß ich zum Priestertum berufen bin.

17. Ich war am Tag der Priesterweihe und der Primiz glücklich. Allerdings war es keine helle Freude. Ich habe mich immer gefreut, daß ich Priester sein konnte. Ich habe auch die ganzen Jahre in der Vorbereitung auf das Priestertum gewußt, daß meinen Eltern mein Priestertum die größte Freude sein wird. Für sie wäre bei einer gegenteiligen Entscheidung eine Welt zusammengebrochen.

18. Ich war 1962 zunächst vier Wochen Aushilfspriester in der Heimatpfarrei. Anschließend zwei Jahre in A Kooperator. 1964 bis 1966 Kooperator in R, 1966/67 in T. Die Verhältnisse im letzten Pfarrhof waren so, daß ich schon gewillt war, den priesterlichen Dienst aufzugeben. Ich habe deswegen mit energischen Forderungen um Versetzung gebeten. Vom 1.5.1967 bis 31.12.1968 war ich Expositus in G. Ich habe jeden priesterlichen Dienst gerne ausgeübt.

19. Ich habe täglich zelebriert und täglich Brevier gebetet. Nur die allerletzten Tage vor meinem Weggang aus der Seelsorge konnte ich nicht mehr Brevier beten. Ich wurde von Außenstehenden massiv bedrängt. Manche Mitbrüder waren verständig. Ich bekam anonyme Briefe.

20. Ich hatte in den ersten Priesterjahren keinerlei Schwierigkeiten in der Beobachtung des Zölibats.

21. Erst als ich in T durch das Verhalten des Pfarrers und durch die von ihm gesteuerte Beeinflußung der Gemeinde und priesterlichen Mitbrüder in eine völlige Isolierung gestoßen wurde (Vertrauensbruch des Priestervereins, dessen Vorstand einen Brief von mir meinem Pfarrer zugespielt hat) kamen über mich Schwierigkeiten im zölibatären Leben. Seit dieser Zeit, vor allem als auch meine Eltern mich nicht mehr verstanden, fand ich Verständnis bei meiner Hausangestellten. Ich habe deswegen auch keinen Versuch gemacht,

mich von der Hausangestellten zu trennen, weil mich andere nicht verstanden haben.

22. Es kam damals zu kleinen Zärtlichkeiten. Wir hatten auch den festen Vorsatz, uns nicht auf intime Beziehungen einzulassen.

23. Erst mit der Zeit kam es zu intimen Beziehungen.

24. Der Gedanke zu heiraten kam erst in den letzten Monaten. Wir meinen, daß wir unseren Lebensweg gemeinsam gehen sollen. Jetzt weiß ich, daß ich die Zölibatsverpflichtung nicht für das ganze Leben tragen kann. Allerdings sehne ich mich danach, priesterliche Dienste ausüben zu können.

25. Nur weil ich keine priesterlichen Dienste nach dem heutigen kirchlichen Recht mehr ausüben kann, beabsichtige ich Lehrer zu werden. Ich hoffe sehr, daß ich auch wieder priesterliche Dienste ausüben kann.

26. Ich will mich also uneingeschränkt im weiteren Leben zur katholischen Kirche bekennen.

27. Ich bin selbstverständlich Willens, die Orte, in denen ich als Priester gewirkt habe, nicht absichtlich aufzusuchen.

28. Meine Schwester weiß um manche Not, die ich durchgestanden habe. Auch Herr Generalvikar ist von mir immer wieder unterrichtet worden und einige Mitbrüder (s. Zeugenliste).

29. Meine grundsätzliche Einstellung, die ich in der Bittschrift aufgezeigt habe, möchte ich als Schlußwort hinzufügen. Meine Braut heißt Brigitta, geboren am 29.3.1944, römisch-katholisch."

Zu diesem Protokoll darf ich bemerken, daß Herr Prälat K die "Befragung" so formulierte, daß die Absicht, Brücken zu bauen, sichtbar wurde. Er legte vieles, was ich deutlicher, härter und unmißverständlicher formulierte, in einer diplomatischeren Sprache dar. Er hatte in den Diktionen schon die Reaktionen der römischen Behörden im Auge. Es ist aber in diesem Sinne dennoch alles wahrheitsgemäß aufgezeigt worden.

Ich muß auch ehrlich bekennen, daß durch seine Anstrengung die Sache einer höchstmöglichen Eile unterlag. Wahrscheinlich wollte er die kirchliche Eheschließung vor der angenommenen Niederkunft meiner Frau unter Dach und Fach wissen.

Schon am 5.4.69 meldete er mir in einem weiteren Brief, daß das Votum übersetzt und reingeschrieben nach Ostern dem Heiligen Stuhl unterbreitet würde. Am 3.5.69 waren die Akten dem Heiligen Offizium vorgelegt.

Nachdem zu Weihnachten 1969 aus Rom immer noch kein Reskript eingetroffen war, stellte ich an Prälat K schon gelegentlich die Frage, warum das so lange dauert. Er versicherte mir seinerseits auf vielen Karten und in vielen Briefen, daß ihm die Verzögerung selbst unbegreiflich sei. Das war, wie man aus dem "Spiegel" erfahren konnte (12.1.70 Nr.3 S.58), die Verzögerungstaktik der Römischen Behörden. Jedenfalls Monsignore Lanciotti vom Heiligen Offizium betonte dies.

Indigniert durch die so erlangte Information schrieb ich an den sicher unschuldigen Promotor meiner Sache: "Die in Ihrem Brief erwähnten "wenigen Wochen" verstehen sich nun offensichtlich - wie bei der Kirche üblich - sub specie aeternitatis - und so werde ich aus psychologischen Gründen zweckmäßigerweise besser nicht mehr so engagiert dahinwarten ... Die Bedenkzeit dauert bei mir nun schon über das zweite Osterfest hinaus, und ich kann fast nicht mehr glauben, daß bei der Kirche Seelsorge vor Recht ergeht ..."

Schon bald ließ mich K wissen, daß er meine Sorgen teile. Er schrieb mir sogar einen weiteren Brief.

"Lieber Mitbruder, wie zugesichert habe ich ein Gespräch mit dem Sachbearbeiter der Glaubenskongregation geführt. Es wurde mir mitgeteilt, daß der Heilige Vater am 6.3.70 die Dispense gewährt hat. Die Verzögerung des Eintreffens des Reskripts, das ich bis heute noch nicht besitze, ist mit den italienischen Postverhältnissen zu erklären. Von "Zwangsbedenkzeit" ist also keine Rede ..."

O Ironie des Schicksals! Wie stand es nun mit den italienischen Postverhältnissen wirklich? Am 21.4.70 empfing ich hier in W den Bettelbrief von Mons. Pavol Hnilica SJ Vescovo Titolare de Rusado, Casella Postale 6245 - oo195 Roma Italia. Der Brief war in Rom am 18.4.70 abgeschickt. Er war nur drei Tage unterwegs. Ich fragte mich: transportiert die italienische Post nur keine Dispensen? - Diese Betrachtungsweise war objektiv gesehen vielleicht Unsinn. Aber in der subjektiven Gereiztheit und Verstimmung ist sie vielleicht verständlich.

Am 8.5.70 reklamierte Prälat K wegen der Verzögerung in Rom. Er bat verschiedene Personen, den Gründen nachzugehen.

Am 13. Mai antwortete der Rektor des Institutum Teutonicum Sanctae Mariae de Anima:

"Hochwürdiger Herr Prälat!

Das Reskript in der Priestersache Alfons Kraus wurde am 3. April 1970 von der Glaubenskongregation abgesandt, ist aber offensichtlich auf der Post verloren gegangen. Die Glaubenskongregation wird ein Duplikat ausstellen, das wir zur Sicherheit dem Herrn Bischof persönlich mitgeben werden ..."[61]

Am 23.5.1970 antwortete mir Prälat K zum letzten Male. Jetzt meldete er mir, daß das Dispensreskript nun vorhanden sei, daß alle mitgeteilten Daten stimmen und ab jetzt der Vizeoffizial für mich zuständig sei. Im übrigen sollte ich auch anderen sagen, daß nachweislich keine Verzögerungstaktik betrieben wurde.

Ich war darüber enttäuscht, daß Prälat K unseren Fall an einen Domvikar abtrat. War es aus Verstimmung über meine Ungeduld?

Der beauftragte Domvikar ließ bald von sich hören: "... Die kirchliche Trauung erfolgt gewöhnlich im Winterchor des Domes, meist gegen 9.45 Uhr. Vorerst wäre aber an einem Nachmittag das Brautexamen vorzunehmen. Desgleichen müßte noch die Rekonziliation von der nach Ca. 2388 § 1 inkurrierten Exkommunikation erfolgen ..."

Nun war es auf dem Tisch, das böse Wort "Exkommunikation"! Prälat K hatte mir gegenüber hier in S betont, daß ich nicht exkommuniziert sei, obwohl ich auf meine anderweitige Kenntnis gemäß CJC hinwies. Auch zu meiner Mutter hatte er gesagt, daß sie diesbezüglich beruhigt sein könnte.

Wie war es nun wirklich? Wäre ich nicht exkommuniziert gewesen, hätte ich nicht rekonziliert werden müssen! Sehr in Rage über das bittere Wort Exkommunikation und wegen meiner momentanen Studien und des sechs Monate alten Kindes, das wir nun hatten, bat ich um Verschiebung des Trauungstermins. Leider waren meine Diktionen sehr von meiner Gemütsverfassung geprägt. Sie waren geeignet, einem, der es ja nur gut meinte, in Erstaunen zu versetzen.

Meine Frau und ich waren zu diesem Zeitpunkt aus allgemeiner Verärgerung heraus dazu geneigt, uns überhaupt nicht mehr kirchlich trauen zu lassen. Wir hatten das lange Hinwarten und viele menschenunwürdige Begleitumstände als Hinweis empfunden, daß wir "denen" sowieso gleichgültig sind. Wir wollten uns dann gleich gar nicht mehr aufdrängen, bzw. wir konnten nicht glauben, daß wir Gott noch irgendetwas Diesbezügliches schuldig wären. Seinen Segen hätten wir auch so, auf den Rest könnten wir verzichten. Diese unsere pessimistische Grundsstimmung beeinflußte den zukünftigen Umgang und Briefwechsel mit kirchlichen Stellen.

Was ich zusätzlich sehr befremdlich fand, war die distanzierende neue Anrede in den Briefen des Vizeoffizials. Er nannte mich nicht mehr den "lieben Mitbruder", sondern apostrophierte mich als "Sehr geehrter Herr Kraus!"

Was war jetzt passiert? War die "Laisierung" eingetreten? War ich doch jetzt kein Mitbruder mehr. Da dachte ich:

"Hat man Mitbrüder, dann sind sie es für immer! Sind sie es nicht für immer, dann waren sie es nie!" Um den Verlust rein verbaler Mitbrüder war nicht schade.

Ich hielt es wie mit dem "Vaterbischof". Auch ihn hatte ich aus seiner Verpflichtung entlassen. Nun mußte ich auch noch die Mitbrüder fahren lassen.

"Was bedeutet die "Laisierung"? wollte ich verständlicherweise jetzt genau wissen. Ich fand es in einem kirchenrechtlichen Standardwerk, im Kommentar zu cc 211 -214 des alten CJC: "Unter Rückführung in den Laienstand oder Laisierung versteht man die Aufhebung der durch den gültigen Weiheempfang erworbenen besonderen Gliedschaftsstellung des geistlichen Standes. Die sakramentale Weihe verleiht dem Geweihten einen unauslöschlichen Charakter (c 732 § 1), so daß weder die Weihe noch die mit ihr gegebenen Gewalten aufgehoben werden können, und zwar weder durch die kirchliche Autorität, noch durch den Geweihten selbst ... Wenn die kirchliche Autorität somit auch nicht selbst die Weihe und die durch sie vermittelten Gewalten entziehen kann oder will, so kann sie doch deren erlaubte Ausübung unterbinden. Sie entzieht dabei nicht das Recht selbst (Weihe, Weihegewalt), sondern nur die Ausübung des Rechts ... Die Laisierung führt darüber hinaus eine rechtliche Personenstandsveränderung herbei: Der laisierte Geistliche ist ungeachtet dessen, daß er gültig geweiht ist und geweiht bleibt, rechtlich wiederum Laie. Er verliert alle kirchlichen Ämter und Würden, sowie die geistlichen Standesrechte."[62]

Man braucht schon einen starken Glauben, um diese Rechtsakrobatik mitzuvollziehen. Ob Gott selbst das kann? - Nein, das kann er nicht!

Die Nachversicherung (BfA)

Beim Empfang der höheren Weihen erhielt ich von der Diözese die Zusicherung, daß sie für mich sorgen werde in guten und bösen Tagen. Ich wurde geweiht "in titulum Dioecesis", d. h. daß sie auch für die Altersversorgung geradestehen würde. Ich war aber jetzt durch die "Laisierung" dieser Zusicherung verlustig geworden. Was sollte ich tun? Ich war schon 35 Jahre alt. Das lange Studium und die Berufstätigkeit als Pfarrer schlossen aus, daß ich auch irgendetwas für eine zivile Versorgung im Notfall geleistet hätte.

Glücklicherweise las ich gerade zufällig das Buch "Der Zölibat" von Franz Böckle. Da erfuhr ich: "Scheiden Geistliche aus dem kirchlichen Dienst aus, so sind sie für die Zeit ihrer kirchlichen Tätigkeit nachzuversichern."[63]

Ich wußte also, was zu tun war. Zuerst bat ich den Generalvikar, die Angelegenheit für mich einer gütlichen Regelung zuzuführen. Er bot mir aber eine Ersatzleistung von einigen tausend Mark an. Ich würde als Lehrer sowieso verbeamtet und dann spielten die vergangenen Jahre überhaupt keine Rolle.

Ich bin heute froh, dieses Angebot ausgeschlagen zu haben. Ich werde als Beamter gerade deshalb auf Antrag die Jahre im kirchlichen Dienst angerechnet erhalten, weil ich wegen der Nachversicherung keine Abfindung bekam. Ich trat zu spät in den öffentlichen Dienst ein und erreiche ohne die Jahre im kirchlichen Dienst die Höchstpension nach 35 Dienstjahren nicht mehr. Gewiß war das Angebot von einigen tausend Mark in meiner damaligen Situation verlockend, aber es war schon ziemlich leichtfertig von den zuständigen Leuten der Diözese, aus Unkenntnis des Sachverhalts mir eine solche Lösung vorzuschlagen.

Ich wandte mich an die Bundesversicherungsanstalt für Angestellte in Berlin zwecks "Bekanntgabe meines Ausscheidens aus dem bisherigen versicherungsfreien, weil versorgungsberechtigten Arbeitsverhältnis" und schilderte meine Situation. Glücklicherweise hatte ich die 1-Jahresfrist gerade noch gewahrt, in der das Ausscheiden aus dem Priesteramt mitzuteilen war. Was wäre gewesen, wenn ich Böckles Buch nicht in die Hand bekommen hätte?

Die Bundesversicherungsanstalt erledigte für mich den Rest der Angelegenheit. Sie wandte sich an meinen früheren Dienstherrn. Die Bischöfliche Finanzkammer entschloß sich zur Nachversicherung. Sie ging von einem Betrag von 59 242,- DM für sechseinhalb Jahre Berufstätigkeit aus. Nachdem ich in diesen Jahren 36 548,- DM netto erhalten hatte, wie ich aus meinen Lohnauszügen nachrechnete, dürften es ca. 45.000,- DM gewesen sein, die ich brutto verdiente. Die restlichen ca. 14.000,- DM fielen auf Kost und Logie beim jeweiligen Pfarrer. Das entsprach einer monatlichen Sachleistung von ca. 300,- DM, einer täglichen von 10,- DM.

Ich ließ mir die im Falle eines tragischen Ereignisses fällige Rente errechnen, mit der die Familie dann rechnen könnte. Ich weiß heute nur mehr, daß ich mich beeilte, eine Risikolebensversicherung abzuschließen. Für den Todesfall hätte die Familie dann immerhin zur Überbrückung der größten Not eine Kleinigkeit gehabt.

Aufgrund der Nachversicherung über einen Zeitraum von mehr als fünf Jahren konnte ich bei der BFA mit Mindestbeiträgen weiterversichert werden.

Meine Familiengründung war wirtschaftlich ein riskantes Unternehmen. Verliebte haben jedoch selten den vollen Durchblick. Die kleine Lebensversicherung und die minimale Rentenerwartung zusammen stimmten uns schon zuversichtlicher. Diese kleine Sicherheit kostete uns bei unseren Verhältnissen eine gewaltige Anstrengung. Aber wer muß das am Anfang seiner Berufslaufbahn nicht? Es war nur der kleine Unterschied, daß ich schon 35 Jahre alt war und noch keinen Beruf hatte.

Die Hochzeit

Mit unserer Hochzeit bestand für uns keine Eile. Aber nachdem Prälat K offensichtlich falsch programmiert auf eine eilige standesamtliche Trauung drängte, entschlossen wir uns kurz, diese Prozedur hinter uns zu bringen. Wir hätten mit Sicherheit ohne diese Empfehlung noch eine Weile gewartet. Aber wir waren gleichzeitig auch wieder froh, soz. auf kirchliche Empfehlung etwas vollziehen zu sollen, was sonst nicht gebilligt wird. Wir galten dann auch vor aller Welt als ordentliche Leute. Wir bräuchten keine Bedenken mehr zu haben, daß jemand an unserer "Wohngemeinschaft" Anstoß nahm. Ein paar Bedenken hatten wir schon. Brigitta war schließlich am Amtsgericht zu S im öffentlichen Dienst beschäftigt.

Meine zukünftige Schwiegermutter in R mußte den ständigen neugierigen Nachfragen mit Notlügen und Ausreden begegnen. Dann hätte alles ein Ende!

Meine eigene Mutter und Schwester hofften dagegen immer noch auf meine "Vernunft" und versuchten dieses Ereignis hinauszuzögern oder zu verhindern.

Wenn es nun schon sein sollte, daß wir umgehend heiraten, kam nur der 28. März in Frage. Brigitta hatte am 29. März Geburtstag und da wollte ich mich ihr am Tag vorher selbst zum Geschenk machen. So denkt und sagt man eben in dieser Hochstimmung und Euphorie! Ich glaube jedoch heute noch, daß es ein guter Gedanke war.

Schon reichlich vorher stattete ich meine Braut aus, wie ich sie geschmückt sehen wollte, für mich, den Bräutigam. Ich scheute kein Geld und bot unsere letzten Reserven auf. Ich selbst war ja nicht so wichtig, dachte ich. Die Braut teilte meine Meinung nicht.

Das Prozedere der Hochzeit war durch uns beide festgelegt. Einen anderen brauchten wir nicht zu fragen. Allen anderen war es ohnehin egal.

Es war bald Freitag. Um 10.30 Uhr war die Trauung auf dem Standesamt angesetzt. Meine Mutter und Schwester drückten durch Fernbleiben ihre Mißbilligung aus. Nur mein Schwager war abgeordnet, pflichtgemäß oder notgedrungen als Trauzeuge zu fungieren.

So konnte er wenigstens nachher von den Ereignissen berichten. Sogar die Schwiegermutter war sich plötzlich nicht mehr sicher, ob sie so offen ihre Zustimmung zum Ausdruck bringen durfte, indem sie zur Hochzeit zugegen war.

Wollte uns denn die ganze Welt verlassen? Waren wir an diesem Tage ganz allein? Das war kein guter Auftakt! Schließlich konnten wir es doch erreichen, daß Brigittas Familie außer meinem Schwager zusagte, als Zeugen zur Verfügung zu stehen. Brigittas Bruder würde uns auch in einem anständigen Auto zum Standesamt chauffieren können.

Der Tag der Hochzeit brach an. Wir erwarteten rechtzeitig und zuversichtlich die Ankunft unserer Angehörigen. Als um 9.30 Uhr noch keine Seele sichtbar wurde, wurden wir ungeduldig. Es gäbe noch einiges zu besprechen und klarzustellen.

Nun wurde es aber gleich 10.00 Uhr und immer war noch keiner anwesend. Wir gerieten in höchste Sorge und glaubten schon an Sabotage.

Da holte ich meinen alten VW-Käfer aus der Garage. Leider hatte ich ihn in Erwartung eines anständigen Hochzeitsgefährts nicht einmal gewaschen.

Wie unterschied sich diese schmutzige Rostlaube von dem herrlich geschmückten Prachtauto, mit dem ich nach der Priesterweihe zum Empfang in die Heimatgemeinde gebracht wurde. Ja, was für ein Unterschied! Es waren ja auch die Ereignisse völlig verschieden!

Als Trauzeugen würde ich auf dem Rathausplatz zu S einen Passanten oder Straßenkehrer gewinnen können. Ich wollte ihm den Verdienstausfall schon vergüten und für den Tag sollte er mein Gast sein. Ich war schrecklich verärgert. Brigitta tat mir von Herzen leid. So begann also ihr Hochzeitstag. Daß ich auch heiraten wollte, daran dachte ich momentan nicht.

Aber in der letzten Sekunde kam Rettung aus der Not. Beide Zeugen mußten auf ihrer Herfahrt hinter einem Schwertransporter kriechen. Sie hatten die Zeit eben zu knapp kalkuliert. Aus meinem eigenen Auto stieg ich nicht mehr um. Jetzt fuhr ich meine Braut selbst im eigenen Wagen zum Standesamt, wo die Trauung gerade noch termingerecht stattfinden konnte.

Mittags saßen wir in der Gaststätte zum See. Das Essen war gut und vor allem sehr reichlich, weil die Gäste nicht einmal eine Tischreihe füllten, obwohl wir für eine größere Gesellschaft bestellt hatten.

Am Abend gesellte sich zu uns noch ein Priester mit seiner zukünftigen Frau. Er überbrachte uns die Grüße vieler Leidgenossen. Sie hatten nicht den Mut, Farbe zu bekennen. Warum waren sie bloß selbst nicht zur Hochzeit gekommen? - Lust hätten sie schon, aber keine Courage, sich bei ihren Chefs davonzustehlen oder sich zu erklären. O Freiheit der Kinder Gottes! Wie weit waren wir gekommen! Waren wir Aussätzige oder Verbrecher?

Manche Brüder schrieben mir von ihrer großen Sympathie und Bewunderung. Zwischen den Zeilen konnte man lesen, daß sie Neidgefühle hegten. Aber zu kommen fehlte ihnen der Mut.

Worüber wir uns aber herzlich freuten, war das Paket eines ehemaligen Nachbarpfarrers. Er schickte uns Bettwäsche, die wir sicher gebrauchen könnten, und er schrieb uns warme, herzliche Worte. Er war ein Mitbruder, der sich als Mensch erwiesen hat und den Namen Bruder verdiente. So einmalig war dieses Hochzeitsgeschenk, daß ich es nach dieser langen Zeit nicht vergaß.

Am frühen Abend zerstreuten sich unsere wenigen, anwesenden Verwandten, da sie noch einen weiten Heimweg vor sich hatten. Vorher mußten sie mich aber in meinem VW-Käfer von der Stelle schieben, weil auch er aus Altersschwäche streikte.

Wenige Tage vorher feindeten mich seinetwegen einige Leute an. Sie behaupteten, ich hätte ihn als Primizgeschenk erhalten und mißbrauchte ihn nun zu privaten Zwecken. Auch er schien bockig den Dienst zu verweigern, jetzt, als ich meine Braut in das Brautgemach heimführen wollte.

War das nicht Schande über die Neider? - War es eine Strafe Gottes? - Wir hatten Glück, daß niemand von dieser "Strafe" erfuhr. Was hätte das bloß für ein Getratsche gegeben!

Die Einmaligkeit unserer weltlichen Hochzeit wurde nur mehr durch die Unnachahmlichkeit unserer kirchlichen Trauung übertroffen. Sie fand am 5. Juni 1970 statt. Wir mußten also eineinhalb Jahre auf die Heiratserlaubnis aus Rom warten. Dann begaben wir uns mit dem Fluch der Exkommunikation beladen auf den Weg nach P. Es war uns gar nicht feierlich zumute. Darum schmückte ich dieses Mal meine Braut auch nicht und putzte sie nicht extra schön heraus. Es waren ja nicht einmal die Angehörigen zugelassen: Nicht Mutter noch Geschwister. Da genügte auch für uns die Alltagstracht. Da war jeder Aufwand zu schade.

Wir standen pünktlich um 15.00 Uhr im grauen Winterchor des Domes zu P unter allen möglichen Requisiten und abgelegten Paramenten der großen Liturgie. Für uns war nichts bestimmt von all dem, und so wollte keine Begeisterung aufkommen. "Extra omnes!" - "Hinaus alle!" hieß es. Der einzige "Zeuge" unserer Gegenwart war der Dommesner. Auch er mußte den Ort des Geschehens verlassen, damit keiner das unwürdige Geschäft einer Priesterhochzeit miterlebte.

Wer soll das begreifen können? Sonst ist es ein Formfehler, wenn die Zeugen fehlen. Bei uns waren sie ausgesperrt.

Dank einer komischen Fügung trottete gerade, als wir als kirchlich getrautes Ehepaar den Dom verließen, meine alte Tante B. daher. Es war wirklich rein zufällig und darum rief sie ganz verwundert: "Ja so was, ja so was, seid ihr gerade beim Einkaufen gewesen?" - Wir ließen sie auf ihrem Glauben und ersparten uns so weitere Erklärungen.

Infolge größter Enttäuschung über die Würdelosigkeit dieses Ereignisses strichen meine Frau und ich den Tag der kirchlichen Trauung aus unserem Gedächtnis. Wir feierten künftig nur mehr den Tag unserer standesamtlichen

Trauung. Nicht einmal das Datum unserer kirchlichen Hochzeit wissen wir ohne den suchenden Blick in das Stammbuch.

Die blamablen Umstände während der Trauung habe ich in meiner Schilderung aus Solidarität ausgelassen.

Am genannten Tag schrieb ich in das Tagebuch: "Kirchliche Trauung im Dom zu P. Ich wäre traurig, wenn ich zu meiner Zeit als Priester nur einem einzigen jungen Paar eine so unwürdige Hochzeit bereitet hätte!"

Einem Mitbruder im Amt schrieb ich: "... Inzwischen waren wir auf unserer Hochzeit in P. Wir wollten das noch unterbringen, bevor ihr anrückt. Wir wollten ja selbst keine Feierlichkeit, aber so etwas konnten wir nicht erwarten. In 10 Minuten war alles vorbei. Absolution von der Exkommunikation und die Trauung. Getraut hat uns Domvikar A. ... Bei uns ist nun mit der Kirche "alles geregelt", und wir gehen unseren eigenen Weg. Schimpfen oder Klagen ist zwecklos. Man wird die Zustände ertragen müssen und man wird vorläufig nichts ändern. Auch Christus war machtlos (wie wir). Wir freuen uns schon, wenn Ihr am Ende des Monats zu uns kommt, um bei uns zu wohnen, bis auch Ihr Euren Fall gelöst habt ..."

Für unsere Mütter war die kirchliche Trauung ein befreiendes Ereignis. Es entlastete ihr Gewissen. Ihretwegen war uns die kirchliche Hochzeit vor allem ein Anliegen. Für meine Mutter war der "sündige Zustand" nun zu Ende, und ab jetzt durften wir auch in ihrem Hause gemeinsam übernachten.

Das Lehrerstudium

Zeitweise bildete ich mir ein, daß ich zum Priesterberuf zurückkehren könnte, noch bevor ich an der PH zu studieren begänne. Es war nicht einfach, sich im Alter von fast 36 Jahren mit dem Gedanken anzufreunden, beruflich noch einmal ganz von vorne anzufangen. Hatte ich doch als Geistlicher eben gerade den Abschluß erreicht, wo man sich sagt: Hier ist gut sein, laßt uns hier drei Hütten bauen! Die zweite Dienstprüfung, bei uns Parr- und Predigtamtskonkurs genannt, war gerade überstanden. Und es war schön, aus reinem Interesse seinen geistigen Bedürfnissen zu genügen. Man beginnt an diesem Punkt bequem zu werden. Ich war auch körperlich schon recht behäbig.

Jetzt aber mußte ich mich umstellen. Das neue Studium brachte für mich einen völligen geistigen Umbruch mit allen Mühen und Schmerzen, den ich mit Recht eine Strapaze nennen darf. Darum klagte ich dazwischen hinein die Kirche und meine Diözesanleitung an und überschüttete sie mit Vorwürfen.

"Was mich immer auch zutiefst betrifft", schrieb ich an den Aktionskreis P, "ist der beständige Hinweis auf den Bedarf an kirchlichen Kräften in allen möglichen Disziplinen einer modernen Pastoration und Eure Überlastung und die daraus resultierende Unwirksamkeit. Andererseits kann es sich die Kirche leisten, Leute wie mich auszuschließen, obwohl ich ausgebildet und willens bin, einen verantwortlichen Platz auszufüllen. Ich habe auch den Behörden von P von Anfang an bis heute unaufhörlich meine Bereitschaft angeboten ... Man hat sich aber fortwährend ausgeschwiegen."

Weil alles nichts half, immatrikulierte ich mich am 5.5.1969 an der PH in F. Nach Anrechnung von drei Semestern aus der Theologie wäre ich in drei Semestern mit dem Pädagogikstudium fertig gewesen. Ich merkte jedoch bald, daß ich in dieser Kürze nichts Richtiges fertigbrächte. Ich bat Prälat K um Verlängerung des eingeräumten Zeitraumes um ein Semester, wofür ich auch die finanzielle Unterstützung erwartete.

Wie immer erhielt ich Antwort: "... aus dem D-Zug nach Rom. Studieren Sie bitte gründlich. Die Gehaltszahlung ist nicht abhängig gemacht von einer Mindestdauer des Ergänzungsstudiums. Entscheidend ist, daß Sie eine sichere Existenz aufbauen und das geht im Lehrfach nur mit guten Noten ..."

Das war eine wichtige Zusage aus meiner Diözese. Zum Lehrerstudium gehören sog. "Übungen", praktische und musische Aktivitäten, die durch "Scheine" zu belegen waren. Am meisten stöhnte ich um den Sport- und Schwimmschein. Ich konnte es gar nicht begreifen, daß ich in diesem Alter und mit meinem Gewicht noch einmal den Felgauf- oder -umschwung fertigbrächte. - Als Gymnasiast war ich gut im Geräteturnen. Aber jetzt bog sich unter meiner Last die Stange am Reck.

Nicht nur wegen der Pflicht, sondern auch wegen meines Ehrgefühls wollte ich mich vor den jüngeren Kommilitonen nicht blamieren. Auf dem Trampolin war ich ein As. Wenn ich da in die Vollen sprang, schleuderte es mich bis an die Decke und alle brüllten um ein da capo.

Der Leichtathletikschein machte mir schreckliche Mühen. Nach den 100 oder 1000 Metern keuchte ich, als wolle mir das Herz aus dem Leibe springen. Die Medizinalrätin auf dem Gesundheitsamt zu S hatte mir schon zu Beginn des Lehrerstudiums empfohlen, das Rauchen aufzugeben. Wenn ich das nicht fertigbrächte, bräuchte ich gar nicht mehr mit dem Studium beginnen.

Auf der Sportarena zu F bevorzugte ich Kugelstoßen, Speer- und Diskuswerfen. Ich überzog aber in meinem dummen Ehrgeiz meine Muskulatur oft über das vernünftige Maß, so daß ich Nächte lang nicht schlafen konnte.

Der Schwimmschein brachte mich ein paarmal an die Grenze meiner Leistungsfähigkeit. Ich sehe mich heute noch im Gänsemarsch in der Reihe stehen. Nach Kommandopfiff mußte man durch das Becken tauchen. Kaum war ich aus dem Wasser gekrabbelt, stand ich schon wieder in der Reihe, und die Prozedur begann von vorne.

Früher, ja, da hätte das Spaß gemacht. Aber jetzt, nach so vielen Jahren körperlicher Untätigkeit nicht. Ich wurde immer gemessen an jungen Männern, die entweder gerade vom Gymnasium oder von der Bundeswehr kamen.

Einmal bekam ich nachts plötzlich 40^0 Fieber, so heftig brachte diese Schwimm- und Tauchstrapaze meinen Kreislauf durcheinander.

Ein Leistungsnachweis musischer Bildung war der Musikschein. Hier ging es nicht um Theorie der Musik, sondern um das Erlernen eines Instruments. Ich wählte Gitarre. Flöte nannten sie "Nothorn". "Nothorn" fand ich unter meiner Würde. So landete ich unversehens in einem Streich- und Zupforchester, wo ich reichlich für Dissonanzen sorgte.

Ich mußte jetzt fleißig üben und genierte mich sehr bei meinen Hauswirten für meine deutlich hörbaren Fehler. So verlegte ich an schönen Tagen meine Übungstätigkeit in einen Wald auf der Strecke zwischen S und F, wo ich täglich auf dem Weg zur Hochschule verkehrte. Da wurde ich öftere Male ungeduldig über meine mühsamen Fortschritte, haderte gegen Gott und seine Kirche und war versucht, die teuer erstandene Gitarre um einen Baum zu knallen, daß die Späne flogen. Ich tat es glücklicherweise nicht und so rettete ich das kostbare Stück in mein Lehrerleben hinüber.

Trotz dieser ständigen Mühen beim Betreten von musischem und pädagogischen Neuland schrieb ich einem Mitbruder, der in seinem Ringen um Klarheit aufbauende Worte brauchte: "Heute bin ich sehr froh und befreit. Gestern hatte ich in Naturkunde eine Lehrprobe. Sich vor der ganzen Korona zu versuchen, liegt mir immer etwas im Magen. Die Vorbereitung macht auch eine Menge Arbeit. Es muß ja alles schriftlich sein. Aber doch macht mich dieses Studium frei. Ich habe die Sicherheit, daß ich einmal auf eigenen Füßen stehen kann und keine Gnade von Brötchengebern mehr brauche. Sie wollen mich nicht mehr, und ich kann für mein Geld nichts leisten. Nein, ich brauche mich dann nicht mehr unbedingt aufzudrängen. Das ist eine ganz andere Ausgangsbasis."

Dem früheren Schulleiter in G antwortete ich: "Mein Studium geht den üblichen Weg. Es gefällt mir, und ich freue mich auf den neuen Beruf. Er sieht gegenwärtig noch reichlich akademisch aus. Aber ich habe ja schon manche Einsichten in die Praxis. Ich bin aber klug genug zu wissen, daß mich meine Erfahrung als Pfarrer in der Schule nicht von der Notwendigkeit entbindet, mich gut und gründlich auf den Lehrerberuf vorzubereiten."

So äußerte ich mich anderen gegenüber und nach außen. In meinem Innern rumorte und gärte es, denn soviel Lust bereitete mir das Lehrerstudium nicht. Es war schon eine harte Nuß, die es zu knacken gab. Vor dieser Aufgabe versuchte ich schon bald zum ersten Mal zu kneifen.

Ich hoffte bei der Stadtverwaltung oder beim Landratsamt in S eine Anstellung als Sozialpädagoge oder sonst eine Aufgabe zu finden. Ich wandte mich an den Oberbürgermeister und Landrat in gleichlautenden Briefen. Beide Herren luden mich je zu einem Gespräch ein. Dort machten sie mir klar, daß man als Pfarrer für das bürgerliche Leben gar nicht so gut gerüstet war und keinerlei Qualifikationen aufwies. Sie rieten mir ebenso überzeugend, daß ich meinen eingeschlagenen Weg zu Ende gehen sollte. Ab da war ich fest entschlossen, alles durchzustehen, was auch immer mir bevorstand.

Vom 13. bis 15.2.1971 legte ich die erste Staatsprüfung für das Lehramt an Volksschulen ab, die man auch Einstellungsprüfung nannte. Ich erreichte eine ausgezeichnete Prüfungsnote und wurde am 20.4.1971 als Lehramtsanwärter (LAA) in den Vorbereitungsdienst übernommen. Ich verdiente ab sofort das volle Gehalt von 2000 DM, weil ich auch gleich eine volle Unterrichtsverpflichtung von 29 Stunden pro Woche übernehmen mußte. Es herrschte noch Lehrermangel.

Stolz über das erreichte Ziel und froh darüber, sicher auf eigenen Füßen zu stehen, teilte ich das Ende der Misere der Bischöflichen Finanzkammer in P mit.

Der Vorbereitungsdienst dauerte dreieinhalb Jahre. Ich war einem Seminar zugeteilt, das ich jede Woche an einem Tag besuchen mußte und wo ich in Theorie und Praxis vertiefende Einführung in das Lehramt fand.

Am 8.3.1974 legte ich die zweite Staatsprüfung im Teil Praxis mit hervorragendem Ergebnis ab. Vom 5. bis 9. August 1974 vollendete ich die zweite Staatsprüfung für das Lehramt an Volksschulen in M im mündlichen und schriftlichen Teil. So schuf ich mir in der Zeit vom 5.5.1969 bis 9.8.1974 eine solide Basis für meinen späteren Aufstieg im zweiten Beruf.

Kein Comeback

Ich erwähnte meinen ersten Versuch, aus dem Volksschuldienst auszusteigen, wenn ich eine entsprechende sozialpädagogische oder sozialtherapeutische Aufgabe im Dienst der Stadt oder des Landkreises erhielte. Diesen Versuch startete ich vor der ersten Staatsprüfung.

Den zweiten Versuch unternahm ich vor der zweiten Lehramtsprüfung. Dieses Mal nicht, um mir die Prüfung zu ersparen. Sie würde ich unter allen Umständen ablegen. Aber ich wollte es noch einmal versuchen, als Religionslehrer im höheren Dienst zu meiner früheren Aufgabe zurückzukehren.

Wie dieser Versuch endete, schildere ich im folgenden Traktat.

Zu Beginn des Jahres 1972, als ich als Lehramtsanwärter im ersten Jahr des Vorbereitungsdienstes stand, lotete ich meine Chancen aus. Ich schrieb an den nun für mich zuständigen Bischof von F. Ich stellte mich erst vor, dann teilte ich mein Anliegen mit: "... Ich möchte Sie, sehr geehrter Herr Bischof, heute fragen, ob eine Verwendung in Ihrer Diözese denkbar wäre. Ich komme mit dieser Frage schon heute zu Ihnen, weil ich im Ernstfall aus meinem liebgewonnenen Haus und einer neu vertraut gewordenen Umgebung nicht mehr fortziehen möchte. Für eine kurze Antwort wäre ich Ihnen dankbar."

Kurz vorher wurden Absprachen zwischen Staat und Kirche getroffen, wonach nur Geistliche mit Pfarrkonkurs *im Amt* mit dem einen Fach Religionslehre angestellt werden konnten. *Laisierte* Geistliche wie ich wurden hiermit in dieser Hinsicht schlechter gestellt. Sie mußten ein zweites Fach studieren.

Aber die Antwort des Bischofs erwartete ich dennoch interessiert. Der Schulreferent im Bischöflichen Generalvikariat signalisierte zu meiner Freude grünes Licht, sofern das Kultusministerium nichts dagegen habe.

Das stimmte mich zuversichtlich und ich kündigte dem Bischof an: "Ich werde mich spätestens nach der zweiten Lehramtsprüfung für das Lehramt an

Volksschulen bei Ihnen wieder melden." Eine Rückfrage bei der zuständigen Stelle im Kultusministerium ergab, daß mir die Berufsschule offenstand: "Religionslehrer mit Pfarrkonkurs, welche an Berufsschulen unterrichten, können zum Erwerb einer weiteren Lehrbefähigung für das höhere Lehramt an kaufmännischen und beruflichen Schulen zugelassen werden ... Sie müßten sich von dort aus zur Zusatzprüfung und zu den Vorbereitungsseminaren melden."

Die Leute im Kultusministerium meinten es offensichtlich gut mit mir. Unaufgefordert teilten sie mir kurz darauf mit, daß der nächste Prüfungstermin Ende des Schuljahres 1972/73 sei. Sie drängten mich folglich zur Eile. Ich sollte mich wegen der Vorbereitungsseminare sogleich an zwei mit Adresse genannte Herren wenden, die für Geschichte und Sozialkunde zuständig wären.

Mit Blick auf die kirchliche Zuständigkeit möchte ich bemerken, daß ich bisher als Lehramtsanwärter im Volksschuldienst in meiner Heimatdiözese regulären Religionsunterricht erteilte. Auf Anfrage wurde mir von dort auch mitgeteilt, daß meine Missio, also die kirchliche Ermächtigung zur Erteilung des Religionsunterrichts, trotz der "Laisierung" erhalten blieb.

Jetzt aber benötigte ich für eine Bewerbung an der Verbandsberufschule in S zunächst ein reguläres Dienstzeugnis des früheren Dienstherren. Es wurde mir vom Generalvikariat meiner Heimatdiözese auch gerne gewährt. Der Aktuarius (Referent) formulierte es aber unbewußt oder absichtlich äußerst unglücklich. Nach Aufzählung all meiner Wirkungsorte und Dienstzeiten fügte er hinzu: "Als Kaplan und Expositus oblagen ihm sämtliche Tätigkeiten im Rahmen der Gemeindeseelsorge, insbesondere die Erteilung des Religionsunterrichts und die Jugendseelsorge. Während der genannten Zeit gab es bezüglich der *beruflichen Tätigkeiten* des Herrn Kraus keinerlei Klagen."

Dieses Dienstzeugnis war für den künftigen Vorgesetzten an der Berufsschule Anlaß zu fragen, ob es denn im privaten Bereich Schwierigkeiten gab, weil er so betont ausgegrenzt war. Es stellte sich die Frage nach der Loyalität und der persönlichen Disziplin.

Folglich schrieb ich dem Herrn Generalvikar noch einmal und gab ihm zu bedenken: "... Ich maße mir nicht an, Sie zu bitten, den letzten Satz des Dienstzeugnisses noch einmal zu überdenken ..."

Er reagierte postwendend: "Über Ihre kritische Bemerkung zu dem übersandten Dienstzeugnis bin ich nicht nur nicht verstimmt, sondern im Gegenteil möchte ich Ihnen danken, daß Sie mich aufmerksam gemacht haben und Sie bitten, das zu entschuldigen. Es war in keiner Weise von mir abwertend gedacht, sondern kam lediglich durch Zeitnot zustande, in der ich momentan bin. Tatsächlich haben Sie recht, daß eine solche Formulierung nach dem amtsinternen Gebrauch negativ gewertet werden kann. Ich hätte das wissen müssen und mir mehr Mühe geben sollen zu bedenken, was ich schreibe. Also nochmals entschuldigen Sie bitte. Ich sende eine neue Ausfertigung per Eilpost."

Eine Gegenzeichnung des vormaligen Aktuarius und Leiters des Schulkommissariats in P fehlte dieses Mal. Der kritische Zusatz war nun ersetzt durch die Bemerkung: "Während der ganzen genannten Dienstzeit hat Herr Kraus in anerkennenswerter Weise zu unserer vollen Zufriedenheit gearbeitet und sich vor allem in der Jugendarbeit verdient gemacht."

Der Generalvikar hatte also glaubwürdig dargetan, daß ihm sein "Versehen" peinlich war. Aber der Aktuarius des vorausgehenden Zeugnisses? - Wie würde er reagieren, wenn ich einmal auf sein Votum angewiesen wäre, etwa bei einer Anfrage des Schulreferenten der Diözese F, wenn ich mich nun um die Religionslehrerstelle an der Berufsschule bewarb?

Am 1.9.72 wurde ich auf eigenen Wunsch als Lehramtsanwärter im Volksschuldienst an eine Volksschule in S versetzt. Diese Schule lag im Jurisdiktionsbereich des Bischofs von F. In seiner Diözese hatte ich jetzt Wohnsitz und Anstellung. Hier war ich aber ein Nobody. Ich befand mich jetzt nicht mehr in der Obhut und unter dem Schutz vertrauter Autoritäten. Die andere Diözese war eine andere Welt, gerade als ob das Wort von der Katholizität nicht gelte.

Trotz der Bemühung des überlasteten Pfarrers, mich als Religionslehrer für die ihm aufgegebene Volksschule zu gewinnen, erneuerte die Diözese F meine aus der Diözese P stammende Missio nicht. Verständlicherweise war ich darüber erschüttert, ja aufgebracht. Konnte ich doch deswegen auch einige Jahre keinen Religionsunterricht mehr erteilen.

Wer hatte mir das eingebrockt? - Ich fühlte mich wie von der Wurzel abgeschnitten, diskriminiert, wie ein unnützes Stück abgelegt, ohne Angabe von Gründen ausgespuckt.

Die für den Bereich der Volksschule erteilte Absage ließ für meine weiterführenden Pläne im höheren Lehramt nichts Gutes erwarten. Ich ließ mich aber nicht entmutigen und verfolgte beharrlich mein Ziel.

Auch der zuständige Oberstudiendirektor betrieb wohlwollend meine Angelegenheit beim Berufsschulverband und bei der Regierung. Der Berufsschulverband stimmte meiner Bewerbung vorbehaltlich der Zustimmung des Bischof von F zu. Die Regierung gab meinem Gesuch um Einstellung statt. Sie schrieb: "Der Berufsschulverband S kann Sie als hauptamtliche Lehrkraft im Angestelltenverhältnis verwenden. Eine Verbeamtung ist jedoch erst nach Ablegung einer Zusatzprüfung möglich. Es wird Ihnen empfohlen, die erforderliche Zusatzprüfung zum erstmöglichen Zeitpunkt abzulegen."

Ich wollte alles entschlossen anpacken, da die Verbandsberufsschule mein Kommen sehnlichst erwartete. Es konnten etwa 100 Religionsstunden aus Mangel an Religionslehrern nicht gehalten werden.

Bezüglich der Zustimmung des Bischofs war ich trotz der Verweigerung der Missio für den Bereich der Volksschule hartnäckig. Für den Bereich der weiterführenden Schule hätte ich doch schon anfangs 1972 eine positive Antwort erhalten, dachte ich. Daran müßte sich der Bischof letztendlich halten, wollte er sein Gesicht nicht verlieren.

In der Zwischenzeit hatte in unserer Pfarrei auch die Visitation durch den Bischof stattgefunden. Zu dieser Gelegenheit hatte ich ihn persönlich im Pfarrhaus aufgesucht und ihn an meine Bitte von damals und an seine positive Antwort erinnert. Er konnte mir bei dieser persönlichen Begegnung zwar keine sofortige Zusage machen, denn er wollte sich mit seinem Schulreferenten noch einmal besprechen. Aber seine Äußerungen machten mir Hoffnung.

Ende März aber, als ich mit der Berufsschule, dem Berufsschulverband, dem KM und der Regierung handelseinig war, und sich alles Formale positiv entwickelte, hatte sich der Bischof immer noch nicht geäußert. Ich wurde zwar ungeduldig, entschuldigte den Bischof aber mit dem Gedanken an seine Eile und Belastung durch seine Reisen in der Diözese.

Anfang April 1973 versuchte ich anläßlich der Visitation der Nachbarpfarrei, in der ich als Lehramtsanwärter tätig war, durch den dortigen Pfarrer die erlösende und inzwischen höchst eilige Antwort zu erhalten. Der Bischof konnte sich jedoch immer noch nicht verbindlich äußern. Er habe gewisse Bedenken und empfehle mir, meine Bittschrift zu annulieren.

Diese Reaktion hatte ich nicht erwartet. Ich war wie schockiert und ziemlich aufgebracht. Von meinem Entschluß wollte ich nach all meinen Hoffnungen und Erfolgen bei den anderen Beteiligten nicht mehr zurücktreten.

Außerdem sollte sich der Bischof verbindlich äußern müssen. Den Ausweg über die Hintertür meines Verzichts sollte er nicht wählen können.

Ich schrieb ihm noch einmal ohne ihm meine momentane seelische Verfassung zu offenbaren: "... Herr Oberstudiendirektor E ermunterte mich, trotz der aufgetretenen Schwierigkeiten zu einer Aufrechterhaltung meiner Bewerbung. Somit bin ich natürlich, sehr geehrter Herr Bischof, an Ihrer Antwort nach wie vor sehr interessiert."

Ich beteuere an dieser Stelle, daß ich keinen Beruf zum Broterwerb suchte. Ich verdiente für mich und meine Familie das Brot im Volksschuldienst. Ich stand ja kurz vor dem Ende des Vorbereitungsdienstes (jetzt Referendariats). Ich war auch Willens, mich aus Verbundenheit mit meiner ursprünglichen Berufsaufgabe lieber zu Tode zu rackern als das eigene Nest zu beschmutzen. Ich hätte mich in dieser Phase noch als total solidarisch mit der Kirche erwiesen. Ich hatte nur das Ziel, ein Comeback zur angestammten Berufung durchzusetzen.

Am Gründonnerstag 1973 begab sich der Schulreferent des Bischofs, ein Domkapitular, zu abschließenden Gesprächen zu zwei Geistlichen in der Stadt S.

Ich erfuhr, daß einer der Herren in der Stadt für meine Übernahme als Religionslehrer votierte. Der andere von beiden habe sich zu meiner Person nicht äußern können, weil er mich nicht kannte. Der dritte war der Ortspfarrer. Was hätte ich von dem erwarten sollen? Er konnte doch hoffen, daß er sich vor mir nicht rechtfertigen mußte. Mit einer Indiskretion rechnete er sicher nicht.

Am Karsamstag traf der verhängnisvolle Brief aus F ein. Er sollte mein Lebensziel völlig verändern. Es zeichnete sich der endgültige Bruch mit meiner beruflichen Vergangenheit ab. Welch sinniges Ostergeschenk! War nicht Zeit genug für eine Antwort auf meine Bettelei? Man hätte wenigstens noch einige Tage warten können. Waren es wirklich immer die großen Feste im Kirchenjahr, vor denen sich Papst und Bischof besonders "liebevolle Aufmerksamkeiten" ausdachten? Ich erinnerte mich an die Prädikate "Dornenkrone", "Judas", etc. vom Karfreitag des Jahres 1971.

Aus einer Anstellung an der gewünschten Schule wurde also nichts. Aber vielleicht später? An einer anderen Schule? Nein! Auch da nicht! Ohne daß ich um dieses Detail angefragt hätte, hieß es in dem Brief:

"2. Ob eine Verwendung an einer anderen Anstalt in Frage kommen kann, kann von uns zum gegenwärtigen Zeitpunkt noch nicht entschieden werden. Es müßten für einen Einsatz in einer weiterführenden Schule auch staatlicherseits von Ihnen Bedingungen und Vorleistungen noch erfüllt werden, auf die auch wir nicht verzichten können.

3. Bezüglich Ihres geäußerten Wunsches einer Bestätigung durch den Bischof des Inhalts, daß grundsätzlich nichts dagegen einzuwenden ist, wenn Sie in Zukunft als Religionslehrer eingesetzt werden, kann augenblicklich nur gesagt werden: Sie müßten sich, wenn der konkrete Fall eintritt, wieder an das Bischöfliche Ordinariat F wenden."

Dies war nun der Schlußpunkt unter mein jahrelanges Bemühen um einen kirchlichen oder ähnlichen Dienst. Ich hatte jetzt die entschiedene Absicht, auf jedwedes Comeback zu verzichten.

Aus sicherer Quelle erfuhr ich, daß mich nach Aussage des Herrn Schulreferenten auch meine Heimatdiözese nicht hätte empfehlen können. - "Warum hätte sie mich eigentlich nicht empfehlen können?" fragte ich mich. Habe ich etwas verbrochen, angestellt, falsch gemacht? Sie haben mich doch immer an jede Aufgabe hingelobt, sogar an solche Dienste, die andere nicht anpacken wollten. Ich habe dieser Diözese die Leistungskraft meiner Jugend geschenkt. Und nun konnte sie mich nicht empfehlen? Da war meine Anhänglichkeit verletzt und der Faden gerissen.

Dem Bischof in F aber wollte ich meine Meinung nicht vorenthalten. Jetzt konnte ich ja sagen, was ich wollte. Wer schon im Abseits steht, hat nichts mehr zu verlieren.

"Sehr geehrter Herr Bischof,

Ihren Brief ... habe ich erhalten. Gestatten Sie, daß ich noch einige Anmerkungen dazu mache ... Ich habe Ihnen schon anläßlich der Aussprache in W angedeutet, daß ich ein Placet als ein integrierendes Zeichen werten würde, und ich noch nicht sagen könne, wie ich das Gegenteil verkraften könnte. Nun, ich habe heute erfahren, daß ich weiterhin diskriminiert bin. Ich werde mir das gut merken.

Meinen Brief vom 9.4.1973 hätte man auch so verstehen können, daß ich für die Aufgabe des Religionslehrers sogar berufliche Sicherheiten aufgegeben hätte. Eine Karriere macht ein sog. laisierter Religionslehrer sowieso nicht.

Ihr Brief ist mir ein Beweis, daß ich in dieser Kirche nur mehr Pflichten, aber keine Rechte mehr habe. Jeder "normale Laie" ist für jede Aufgabe, wenn er nur die Voraussetzungen erfüllt, herzlich willkommen. Ich bin auf Dauer natürlich auch nur zu so viel Gegenliebe fähig, wie ich Liebe empfange. Ich muß Ihnen gestehen, daß ich an die bloßen Worte nicht mehr glaube. Dafür hat mich die Kirche über einige Jahre zu schlecht behandelt.

Abschließend darf ich Ihnen, sehr geehrter Herr Bischof, versichern, daß ich Ihnen nie wieder die Sorge bereiten werde, auf eine Bitte von mir antworten zu sollen. Denn der konkrete Fall von Nr. 3 Ihres Briefes tritt nicht mehr ein.

Vielleicht sollte ich noch dazufügen, daß ich anständig genug bin, meinen Fall nicht öffentlich zu dramatisieren. Anders wäre es der Fall, wenn ich mich erwiesenermaßen gegen Ungerechtfertigtes verteidigen müßte. (Ich habe alle Erfahrungen gemacht.)

Vielleicht war es ein Fehler, daß ich noch einmal geantwortet habe. Aber mein Naturell, das Sie bestimmt nicht für glücklich halten, zwang mich dazu. Es hat übrigens über mehrere Jahre auch Segensreiches in der Kirche gestiftet.

Mein Brief sollte Sie nur über meine Reaktion nicht in Unkenntnis lassen. Eine Antwort erwarte ich nicht mehr!"

Der Bischof hatte offensichtlich gemerkt, daß ich diesen Brief in höchster Erregung schrieb. Es dauerte einen Monat, dann brachte die Post zu meinem Erstaunen einen Brief von ihm: "Sie schreiben, daß Sie auf Ihren Brief vom 21.4.1973 keine Antwort erwarten. Nehmen Sie bitte gute Grüße entgegen, mit denen ich aufrichtige Wünsche für Sie, Ihre Familie und Ihren Lebensweg zu dieser österlich -pfingstlichen Zeit verbinde."

Für mich war bei nüchterner Betrachtung der Dinge und der jetzigen Lage klar: Jetzt wird mit aller Kraft auf die zweite Staatsprüfung für das Lehramt an Volksschulen gearbeitet. Darüber hinaus war nichts mehr interessant.

Ich hatte aber das Gefühl, daß der Bischof von F über seine Entscheidung nicht froh wurde. Bekam er Zweifel über die Redlichkeit seiner Informanten? So vergaß auch ich nach einem weiteren Jahr den größten Groll und dachte versöhnlichere Gedanken.

Es war der Beginn des Schuljahres 1974/75 gekommen. Der Pfarrer an meiner Schule warb wieder einmal unter den Lehrern um die Bereitschaft,

Religionsunterricht zu erteilen. Die Kollegen und er selbst wußten um meine Eignung und frühere Bereitschaft. Er bat mich, mich trotz aller bösen Erfahrungen für den Religionsunterricht zur Verfügung zu stellen. Ich bedeutete ihm, daß ich ihm wohl den Gefallen erwiese, ihn zu entlasten; aber ich würde mich von mir aus den Leuten in F nicht mehr anbieten. Da müsse er schon ohne mich zum Ziele kommen.

Darauf fuhr der Pfarrer für sich und für mich einige Male nach F. Aber das Schulkommissariat ließ sich nicht bereden und verweigerte beharrlich die Missio.

Die Kontroverse wurde aber öffentlich und entwickelte sich zum Ärgernis für viele Einsichtige in der Diözese und in der Stadt. Ich erinnere mich noch eines renomierten Professors in F. Das Generalvikariat sah sich offensichtlich zur Nachgiebigkeit gezwungen. Man ließ meinen Fürsprecher wissen, daß man mir die Missio nicht aufdrängen könne, wenn ich mich nicht um sie bewerbe. Ich wollte nicht bockig sein und auch dem Mitbruder entgegenkommen. Darum schrieb ich noch einmal ein Gesuch.

Die Missio traf nach wenigen Tagen ein. Es war der 27.09.1974. Ich war inzwischen fest als Lehrer angestellt. Die Missio war auf den Bereich der Volksschule beschränkt.

Ich ließ mich also wieder auf die Aufgabe ein, mehrere Wochenstunden Religionsunterricht zu übernehmen. Ich wußte, daß ich es nicht für das Ordinariat in F tat, nicht für sonst jemand, auch nicht für die Heimatdiözese P, die mich angeblich nicht "empfehlen" konnte. Ich wußte, daß ich es für Christus tat, den ganz anderen, den ich kannte, und der mich kannte.

Über das ganze Schuljahr hinweg erteilte ich je drei Wochenstunden über mein Pflichtstundenmaß hinaus unentgeltlich Religionsunterricht, damit keiner auf den Gedanken kam, ich würde es für das Geld tun.

Ich wollte sowieso schon immer das Geld zurückerstatten, das ich als Beihilfe zum Berufswechsel von der Kirche erhalten hatte. Ich war auf den Empfang von Wohltaten nicht ausgerichtet. Es fand sich schließlich auch ein Weg, das Empfangene zurückzuerstatten, inklusive Zinsen, alles bis auf den letzten Pfennig. So bin ich in materieller Hinsicht der Kirche nichts mehr schuldig.

Die Kinder in der Schule aber, ob ganz klein oder in den Entlaßklassen, schwärmten von der Art, wie ich Ihnen in der Schule von Jesus erzählte. Es ereignete sich öfter, daß sich Klassen noch am Schuljahresende mich bei der Schulleitung als Religionslehrer für das neue Schuljahr erbaten. Die Eltern der Kinder äußerten dem Pfarrer gegenüber, daß sie glücklich darüber waren, mich als Religionslehrer ihrer Kinder zu wissen. Die Leute wußten auch um meinen Status als Priester. Ich war neun Jahre an der dortigen Schule beschäftigt.

Lügen haben kurze Beine

Im Jahre 1975 sollte ich erfahren, wie Gott auch auf krummen Zeilen gerade schreiben kann. Ich erlebte auch die Richtigkeit des Spruches: "Es ist nichts so fein ersonnen, daß es nicht doch kommen müßte an die Sonnen."

Ausgerechnet über einen ökumenischen Kreis knüpfte ich nach Jahren starker Distanzierung, innerer Rebellion und Resignation zaghafte Beziehungen zur eigenen Kirche. Der Unfriede mit dem Bischof in F belastete mich, der seine damalige Entscheidung nach meinem Eindruck hinterfragte. Darum schrieb ich ihm zum Jahreswechsel 1975 eine Karte:

"Sehr geehrter Herr Bischof!

Den Auftrag der heutigen Liturgie, nämlich des "Friedenssonntags", möchte ich zum Anlaß nehmen, mich für Ihren Brief vom 27.5.1973 zu bedanken. Ich wünsche Ihnen auch ein gesegnetes Jahr 1975. Ihr erg. A. Kraus, Lehrer."

Postwendend antwortete der Bischof, daß auch ihm normale Beziehungen ein Bedürfnis waren und er schickte gute Grüße und Wünsche.

Was aber vor allem ausgeräumt werden mußte, war die Störung des Verhältnisses zur Heimatdiözese. Ich wollte wissen, wer es war, der mich für die Aufgabe des Religionslehrers an der Berufsschule nicht empfehlen wollte. Auch die Gründe wollte ich erfahren. Darum schrieb ich an einen früheren Chef, der inzwischen Regionaldekan war, um Vermittlung. Ausführlich und eindringlich schilderte ich meine enttäuschenden Erfahrungen mit der kirchlichen Administration und meine momentane seelische Verfassung.

Dann fuhr ich fort: "Ich bitte Dich, gelegentlich meine Partei zu ergreifen und den Herren in P anzudeuten, daß ich im "Jahr der Versöhnung" meine Versöhnungsbereitschaft anbiete. Ich darf dabei auch betonen, daß ich nicht nur Versöhnung zu erbitten gedenke, sondern auch anzubieten für das Unrecht, das mir zugefügt wurde.

Ich möchte nicht verschweigen, daß für mich die Glaubwürdigkeit von Kirchenmännern im "Jahr der Versöhnung" auch davon abhängt, ob sich mit mir jemand versöhnen will, der ich doch nach dem Selbstverständnis und den Dogmen der katholischen Kirche Priester bin.

Euer Generalvikar äußerte zwar vor nicht allzu langer Zeit einem Priester gegenüber, dem ich glauben darf, wir "laisierten" katholischen Priester seien im Gegensatz zu den konvertierten ehemaligen evangelischen Pfarrern, die jetzt in katholischen Diensten sind, untreu gewesen. - Was ist das für eine Logik? - Was außerdem mich betrifft, beteuerte ich schon im sog. Laisierungsgesuch meine Treue, ersuchte ich über Jahre um Arbeit und Anstellung und bettelte auch in F um nichts als um Übernahme als Religionslehrer. Aber ich erreichte keine anderen Resultate, als daß man mir für die Zukunft Glück wünschte. Wenn von Untreue die Rede ist, dann fühle ich mich von der Kirche im Stich gelassen, und sie ist es, die mein Priestertum verleugnet. Sie macht nicht einmal eine Anstrengung, ehemalige Priester seelsorgerisch zu betreuen!"

Ich erhielt bald Antwort auf meine Bitte: "Deinen Brief habe ich öftere Male durchgelesen. Ich war erschrocken, wie es Dich durcheinandergeschüttelt hat. Ich wußte ja kaum davon. Gerne will ich mich für Dich verwenden ... Ich werde Dir gelegentlich wieder Bescheid geben. Bis dahin alle guten Wünsche Deiner ganzen Familie und liebe *mitbrüderliche* Grüße."

Der Bescheid meines Fürsprechers ließ zwei Monate auf sich warten. Er hatte sich eigens für die weite Fahrt nach P freimachen müssen. "Herr Prälat K war sehr entgegenkommend", berichtete er. "Er ließ mich Einblick nehmen in Deinen Personalakt. Da liegt nichts vor, was böswillig oder unrecht wäre. Im Gegenteil läßt der Briefwechsel des Ordinariats mit verschiedenen Stellen immer Wieder den Willen zum Weiterhelfen erkennen.

Herr Prälat K telefonierte dann in meiner Gegenwart mit dem Schulreferenten der Diözese F, und daraus ergab sich, daß dort gegen Dich Bedenken bestehen ... Herr Prälat K bat mich auch, Dir zu schreiben, daß im Ordinariat P keine Aversion gegen Dich besteht. Wenn Du glaubst, daß Dir dort in Deinem Anliegen geholfen werden kann, bist Du herzlich eingeladen, bei ihm vorzusprechen."

Im Rest des Briefes gab mir mein früherer Chef gute Ratschläge: Ich sollte nichts aufwärmen, nichts laut oder leise vorwerfen. Das meiste und Wesentlichste müßte ich selbst verarbeiten.

Im Ordinariat in F sollte ich gelegentlich vorsprechen, selbst wenn ich über meinen Schatten springen müßte.

Ich war meinem Ratgeber sehr dankbar. Ich antwortete ihm, daß er in P eigentlich alles geklärt habe, was mir ein Anliegen war. Er habe festgestellt, daß die Heimatdiözese normale Beziehungen zu mir wünschte.

Wie die Diözese F zu mir stand, war mir zum damaligen Zeitpunkt nicht so wichtig. Ich hielt die dortigen Leute im Schulkommissariat nicht für unabhängig und objektiv genug, gerecht zu urteilen. Mit ihnen wollte ich mich nicht mehr einlassen.

Doch die Frage der verweigerten Empfehlung durch die Heimatdiözese gab es noch zu klären. Mein ehemaliger Chef hatte sich geniert, die diesbezügliche Information an mich weiterzugeben. Eigens zu diesem Punkt befragt, erklärte er vor mir und meiner Frau, der Schulreferent in F, der immer wieder behauptete, meine Heimatdiözese habe mich nicht empfehlen können, und dies öftere Male als Grund für meine Ablehnung angab, habe bei jenem Telefonat gestanden, in P *nie angefragt zu haben*. Er habe einfach so gesagt, *weil dieser Vorwand am bequemsten war.*

Was war das doch für ein Unrecht! Es war diesem Herrn offensichtlich gar nicht bewußt, daß er mir auf diese Weise den Boden unter den Füßen entzog und die Beziehung zur Heimatdiözese zerstörte. Oder hätte er das gar beabsichtigt? - Er trug die Schuld für Isolation, Resignation, Aggression über viele Jahre, ja, für den Rest meines Lebens würde er sie tragen, wenn ich nicht hinter diesen Schwindel gekommen wäre.

Im Jahre 1975 und über einige weitere Jahre blieb ich der Empfehlung und meinem Entschluß treu: Nichts laut oder leise vorwerfen, das meiste bei mir selbst verarbeiten!

Aber im Jahre 1981 mußten auch nach F hin klare Verhältnisse geschaffen werden. Mein Selbstbewußtsein war wieder erstarkt. Ich wollte kein Unrecht tun, aber auch keines erleiden. Es war für mich ein willkommener Anlaß, als das Schulkommissariat in F die Lehrer unseres Schulamtsbezirks zu einer katechetischen Fortbildungsveranstaltung einlud. Die Einladung ließ erwarten, daß Herr Domkapitular und Schulreferent, mein langjähriger Widerpart, anwesend war. Ich wollte ihn einmal sehen und vielleicht näher kennenlernen. Ich war ihm noch nie im Leben begegnet.

Der würdige Herr war zu den Lehrern freundlich, herablassend und gütig. Wer hätte als Unbetroffener hinter dieser Herzlichkeit auch nur einen Anflug von Ungerechtigkeit vermutet? So nahm auch ich mir ein Herz und stellte mich vor.

"Mein Name ist Kraus", sagte ich, "Alfons Gustav Kraus. Ich bin Ihnen sicher bekannt!" - Aber ich erlebte zu meinem Erstaunen nur betretenes Schweigen und Kopfschütteln auf der anderen Seite. "Nein, Sie kennen mich nicht?" fragte ich verblüfft, "da bin ich aber überrascht, nachdem Sie über mein Leben und meine Zukunft so unbedenklich Schicksal gespielt haben!"

Wie sehr ich mich auch bemühte, dem Herrn auf die Sprünge zu helfen, er war nicht in der Lage, sich meiner zu erinnern. Schonungslos stellte ich dann den Zusammenhang mit den Vorgängen des Jahres 1973 und 1975 her. Ob meine Vorwürfe sein Gewissen trafen, konnte ich nicht ergründen. Spätere Reaktionen lassen dies negieren. Ich sehe nur noch das versteinerte Gesicht des Herrn Domkapitulars und Schulreferenten vor meinen Augen, das mich zu fragen schien, wie ich Unwürdiger seine Hochwürdigkeit belästigen könnte. - Nun ruht er bei Gott. Ich habe ihm in der Zwischenzeit nach langem Groll verziehen. Denn vielleicht vertraute er auch nur zu unkritisch seinem Informanten, dem Ortspfarrer, den er nachweislich am Gründonnerstag des Jahres 1973 zu meiner Person befragte.

Dieser führte ja schon längst einen unheiligen Krieg gegen mich, und es mag kurz vorher gewesen sein, als er mir über den Pfarrgemeinderat einen Fragebogen ins Haus bringen ließ, den ich dringend ausfüllen sollte. Es werde eine neue Pfarrkartei erstellt und man bräuchte Personenstands- und andere Daten. Der Fragebogen werde demnächst wieder abgeholt.

Ich fand eine Menge Fragen, die ich als Zumutung, ja als Unverschämtheit empfand.

Gehen Sie zur sonntäglichen Eucharistiefeier?

regelmäßig

nicht regelmäßig

nur selten

überhaupt nicht

ich mache keine Angaben

Empfangen Sie die heiligen Sakramente?

nur in der Osterzeit

an Festtagen

monatlich

nicht alle Jahre

ich mache keine Angaben

Sind Sie aus der Kirche ausgetreten?

Wenn ja, wann?

Sind Sie wieder in die Kirche eingetreten? Wann?

So fragte mich ausgerechnet der, der mich fast aus der katholischen Kirche ausgetrieben hätte! Der Herrgott konnte ihn nur zu dem Zwecke auf meine Bahnen geschickt haben, meinen Glauben auf die Probe zu stellen.

Ich gab den Fragebogen zurück, schrieb aber in lateinischer Sprache, damit nur der Pfarrer meine Meinung verstand, hinzu: "Sie hätten als Pfarrer seit 17.3.1969 in meinem Hause Gelegenheit gehabt (vielleicht beim österlichen Besuch oder sonstwie) Fragen dieser Art zu stellen. Aber es verdrießt mich schon lange, daß das unterblieben ist. Und wir, meine Frau und ich, hatten schon über Jahre Fragen an den Pfarrer, aber er beantwortete sie nicht. Personen, die sich "Pfarrgemeinderat" nennen, bin ich nicht bereit zu antworten. Diese Fragen betreffen z.T. den Gewissensbereich."

Ich warf den Fragebogen selbst in den Pfarrbriefkasten, damit er in die rechten Hände kam.

Aus der Ablehnung des Ortspfarrers resultiert alle Aversion der kirchlichen Obrigkeit in F gegen mich und die prägende Distanz, die mein Leben und mein Vertrauen in die real existierende Kirche veränderte. Ja, hier mußte die Wurzel der Lüge des Schulreferenten liegen, sonst hätte niemand in F einen Grund gehabt, mich abzulehnen. So dachten zuletzt auch Kirchenleute in F, die mein Fall nicht unbeteiligt ließ und die sich deshalb Einblick verschafften.

DIE AUFERSTEHUNG

Am Tag, bevor ich an der Pädagogischen Hochschule in F mein neues Studium begann und noch einmal wehmütig auf das verlassene Ufer zurückblickte, schrieb ich an meinen ehemaligen Generalvikar:

"Ich könnte Ihnen von der vergangenen Zeit vieles schreiben, Gutes und Böses. Doch was soll's? Ich hoffe, daß ein Opfer auf meine Art auch einmal Früchte bringt."

Die erhofften Früchte erkannte ich zwar nicht sofort in ihrer Art und Fülle. Aber heute kann ich sie sehen, mich über sie freuen und Gott dafür danken.

Gewandeltes Selbstbewußtsein

Einmal erinnerte sich Gott auch Jobs und er erstattete ihm alles vielfältig zurück. Denn Gott ist getreu. Ich selbst war leider nicht so geduldig wie Job. Mir mußte Gott dann und wann Krücken an die Hand geben und Brücken bauen, damit ich weiterhumpeln konnte. Aber jetzt besitze ich wieder den freien Blick. Gott mag geben und nehmen, er meint es gut mit uns. Er lockte mich heraus aus meinem Mauseloch. Ich muß mich nicht mehr ducken, verkriechen, verscheuchen lassen. Ich weiß: Die Schwachen sind zurückgeblieben! Mein Schritt ist ein Zeichen von Stärke, denn er trägt das Siegel der Wahrhaftigkeit.

Meine geistige und geistliche Freiheit

Sehr bald empfand ich es als ein großes Glück, daß ich Gedanken dachte. vor denen ich früher Angst hatte. Ich nahm mir jetzt auch Bücher vor, die ich früher als tabu zur Seite legte. Ich erlebte einen geistigen Aufbruch, der mich total umkrempelte. Ich fand die früheren Denkbahnen und -geleise als einen legitimen Zwischenstand zu meiner persönlichen Entwicklung, als eine geistige Pubertät, sah mich aber auf dem Weg zu viel größerer Konzilianz und Offenheit anderen Menschen und Ideen gegenüber. Ich glaube, daß ich dabei meine Mitte nicht verloren, sondern gefunden habe.

Ich bin jetzt glücklich über Stellen der Schrift, die ich jetzt auch für mich gültig finde. Ich halte sie nicht mehr nur für eine Farce. Denn es klingt makaber, wenn ein Vogel im Käfig von Freiheit zwitschert. Der Vogel im Käfig des Gesetzes war ich!

Jetzt aber gilt: "Ihr habt ja nicht den Geist der Knechtschaft empfangen, um euch von neuem zu fürchten, sondern den Geist der Kindschaft, in dem wir rufen: "Abba, Vater."[64]

Ich verstehe das Wort Freiheit durchaus nicht im Sinne von Willkür und Bindungslosigkeit. Ich glaube an die letzthin notwendige Bindung an das Wort Gottes und die Tradition. Aber ich wage jetzt, den Mißbrauch als solchen zu sehen, zu erkennen und zu bezeichnen.

Ich erinnere mich an meine damalige Predigt. Ich lese gelegentlich in meinen gesammelten Predigten. Ich fixierte fast jede, die ich hielt, schriftlich. Ich rekapituliere mein früheres Leben, die Höhepunkte und Tiefen, die Redlichkeit aber auch Unwahrhaftigkeit.

Dann jedesmal denke ich an das Wort des Paulus: "Wenn du dich aber Jude nennst, dich auf das Gesetz versteifst und dich Gottes rühmst, seinen Willen kennst und, vom Gesetz belehrt, zu erforschen weißt, worauf es ankommt, wenn du dir zutraust, ein Führer zu sein für Blinde, ein Licht derer, die im Finstern sind, ein Erzieher der Unverständigen, ein Lehrer der Unmündigen, einer, der die Verkörperung der Erkenntnis und Wahrheit besitzt im Gesetz: Du belehrst den anderen, dich selbst belehrst du nicht? Du predigst, man dürfe nicht stehlen, und du stiehlst? Du verabscheust die Götzen und begehst Tempelraub? Du rühmst dich des Gesetzes, entehrst aber Gott durch Übertretung des Gesetzes?"[65]

Mag jeder, der es fassen kann, seinen Zölibat haben. Für ihn ist er eine Gnade! Für mich war er es nicht! Für mich war er ein fremdes Gesetz. Für mich gibt es keinen "Zwangszölibat". Ich habe gezeigt, daß man keinen Menschen daran hindern kann, wenn auch unter Schmerzen, seine Freiheit zu wahren.

Ich hielt es vor Gott und meinem Gewissen für geboten, ich hielt es für menschlich anständiger, zu dem zu stehen, was mein Wesen war. Ich hatte mein Wesen erst in einem langsamen Lernprozeß entdeckt. Ich hielt manches an mir für mein Ich, das es nicht war. Ich habe mein Ich befreit, ohne daß ich es in das Kraut schießen ließ. Ich bin darüber glücklich. So viel zu meiner inneren Freiheit!

Ich gewann auch ein hohes Maß an äußerer Freiheit. Ich kenne Mitbrüder im Dienst der Kirche, die Angst haben, sich zu kompromittieren. Darum legen sie jedes Wort auf die Waage. Ich kann es ihnen nicht verdenken. Ich habe ihre Not am eigenen Leib getragen. Mir sind Mitbrüder bekannt, die wie ich geheiratet haben, aber mehr Glück hatten im Liebeswerben um die Kirche und eine Religionslehrerstelle oder einen anderen Dienst bekamen. Aber sie müssen aus Loyalität manches hinunterschlucken, was ihnen hernach im Magen liegt. Ich verstehe das, weil ich weiß, wie hart man sich das Brot in der Fremde verdient, das Brot, das auch unsere Kinder zum Essen brauchen.

Mitten in der Zeit der größten Bedrängnis schrieb ich an meinen Mitbruder, für den der Prozeß der Ablösung in vollem Gange war: "Mein Studium macht mich frei, nur so gewinne ich die Sicherheit, daß ich nicht mehr an Türen um das Brot betteln muß, wo man mich lästig findet. Ich mag mich nicht gerne aufdrängen. Brot für Leistung und Arbeit, nicht für Wohlverhalten, ist eine andere Ausgangsbasis."

Heute weiß ich, daß man überall Wohlverhalten erwartet. Aber gegen meine innere Überzeugung würde ich mich nie wohlverhalten. Ich weiß, daß ich unbequem bin; aber es ist mir deswegen (hoffentlich) keiner böse!

Meine neue Sicht von Treue

Bei meinem Weggang vom Pfarramt las und hörte ich oft den Vorwurf der Untreue. Er war nicht immer persönlich an mich gerichtet, sondern allgemein an Leute meiner Art. Solche Pfeile trafen natürlich nicht nur das Ohr, sondern auch das Herz. War ich nun Judas, oder war ich es nicht? - Ich bin nicht so unfair zu sagen, daß das ein Bumerang war. Ich kratzte oft alle Umstände zusammen, die für mich sprachen, um vor mir bestehen zu können.

Man war ja emotionell ganz schön außer Tritt geraten. Aber eines wußte ich immer: Ich habe die Kirche nicht verlassen, ich habe meinen Dienst nicht aufgegeben, ich bin nicht geflohen wie der Mietling. Die Kirche hat mich verlassen, sie hat mir ihren Dienst versagt, sie hat mir meinen Dienst verboten, sie hat mich für den Wolf gehalten, als sie mich vertrieb.

An meinen Bischof schrieb ich damals: "Gott weiß, wie gerne ich Priester wurde, wie ich als Priester wirkte, wie gerne ich meinen priesterlichen Dienst auch in der Zukunft ausüben möchte!" Ein paar Tage später fügte ich im sog. "Laisierungsgesuch" hinzu: "Vor Gott und meinem Gewissen bin ich zur Ehrlichkeit und Wahrhaftigkeit verpflichtet. Das hat für mich und in meiner Situation die Konsequenz, um die Befreiung von der Zölibatspflicht zu bitten. Nur weil eine solche Befreiung nicht möglich ist, außer auf dem Weg der Laisierung, ersuche ich auch um sie."

Oftmals schalt man mich nicht nur treulos, sondern eidbrüchig und einem Gelübde untreu. Was hat die Kirche gegen diesen Mißbrauch von Begriffen getan? Ich kann mich an nichts erinnern. Hätte sie nicht wenigstens einmal in einem Rest von Verbundenheit klarstellen müssen, daß wir als Weltpriester nie einen Eid auf den Zölibat oder ein Gelübde abgelegt haben? Hätte sie nicht sagen können, daß wir in dem Gehorsam, den wir versprochen haben, um Entbindung von dieser Amtspflicht nachgesucht und sie erhalten haben?

In dem schon zitierten Brief an den Generalvikar schrieb ich: "Wenn die Kirche Priester braucht, ist es da verständlich, daß ich ohne Funktion bin? Jedenfalls gilt meine Bereitschaft immer, ich habe mein Ja nicht zurückgenommen."

Über all die Jahre bot ich der Kirche meine Dienste an. Ja, um es drastisch auszudrücken, versuchte ich, mich aufzudrängen und mich einzuschleichen.

1974 antwortete mir der Generalvikar auf meinen Brief: "Es ist verständlich, daß Sie trotz aller Befriedigung in Ihrem Beruf und bei allem Glück, das Sie in Ihrer Familie haben, doch immer wieder sich an die priesterliche Tätigkeit erinnern."

Ich brauche die vielen Beweise meiner Treue nicht mehr anzufügen, um Gott und der Welt zu zeigen, daß der Vorwurf der Untreue nicht gilt.

Aus Treue will ich nicht zurückmessen. Ich verbiete es mir selbst aus Treue.

Einmal bat ich Prälat K in P um ein Votum für mich, weil ich an einer bestimmten Stelle negative Voten gegen mich vermutete. Seine damalige Wertung, um nicht zu sagen Wertschätzung war ein Hoffnungszeichen, daß auch ein Mann der Kirche in sehr hoher Position treu sein wollte: "Mir obliegt im Bistum P die Betreuung dieser Mitbrüder. Deswegen kenne ich jeden einzelnen ganz persönlich ... Es spricht für Herrn Kraus, daß dieser Kontakt mit ihm nicht abgebrochen ist ... Ich gestatte mir darüber hinaus seine Religiosität, *Treue*, Wahrheitsliebe, Hilfsbereitschaft, Verantwortungsfreude und sein Einfühlungsvermögen als besondere Charaktereigenschaften aufzuzeigen."

Mehr apologetisch, aber durchaus treffend artikuliert den Anspruch auf Treue das Papier der "allgemeinen Synode der verheirateten Priester und ihrer Frauen" vom September 1985. Sie fand in Rom statt: "Die Bestrafung wird seitens des kirchlichen Gesetzgebers mit einer Untreue des Priesters gegenüber seiner Berufung und den damit verbundenen Verpflichtungen begründet.

Hier muß man unterscheiden: es gibt die "Berufung zum Priestertum" (Heb 5,4) und die "Berufung zum Zölibat" (Mt 19,11; 1 Kor 7,7). Die meisten Priester, die geheiratet haben, wollten ihrer Berufung, das Evangelium zu verkünden und den Gemeinden zu dienen, treu bleiben. Nur wenige haben von sich aus den Dienst verlassen. Die meisten sind vielmehr durch Anordnung des Gesetzes, das die Dispens zur Heirat gibt, wenn der Priester auf sein Amt verzichtet, dazu gezwungen worden. Diese Priester haben jedoch um Dispense gebeten, weil sie die Erfahrung machten, daß ihnen die zweite Berufung, die zum Zölibat, fehlt ... Wer sie aber nicht empfangen hat, kann nicht durch gesetzlichen Zwang dazu verpflichtet werden, das Charisma zu haben; denn man kann Gott - auch nicht durch Gebet zwingen, es zu geben. Das Gesetz ist also für einen solchen unerfüllbar. Und nur der Priester selbst kann letztlich entscheiden, ob er das Charisma empfangen hat oder nicht ... Die Priester, die das Sakrament der Ehe empfangen wollen, weil sie das Charisma der Ehelosigkeit nicht empfangen haben, begehen also keinen Treubruch, sondern es zeigt sich, daß der Gesetzgeber der lateinischen Kirche - im Gegensatz zu den unterschiedlichen Berufungen Gottes für die Priester - seit dem Jahr 1139 alle zu etwas verpflichtet hat, was für die, welche nicht mit dem Charisma begnadet sind, unmöglich ist. Nach den Grundsätzen der Moraltheologie und des

Kirchenrechts verpflichtet ein unmögliches und ungerechtes Gesetz im Gewissensbereich nicht. Für die, welche feststellen, daß sie sich über die Tatsache, mit dem Charisma der Ehelosigkeit begnadet zu sein, geirrt haben, bleibt das Naturrecht der Genesis." (1,28)[66]

In dem Papier der "Aktionsgemeinschaft Rottenburger Geistlicher" von der Arbeitstagung in Esslingen am 23.2.1970, das mit 90 Ja-, null Neinstimmen, sechs Enthaltungen angenommen wurde, heißt es: "6. Wenn ein Priester die übernommene Verpflichtung zu einem ehelosen Leben nicht mehr tragen kann und heiratet, dann wird ein solcher Schritt immer noch als "Verrat", "Fahnenflucht", "Treuebruch" verstanden und beurteilt. Wir fragen: Was heißt hier "Verrat?" Wem wird hier die "Treue" gebrochen. Wir sind zum priesterlichen Dienst geweiht. Ihm haben wir uns verpflichtet. Ihm gilt unsere Treue. Viele Priester, die heiraten, sind bereit, ihr Ja zum übernommenen priesterlichen Dienst aufrechtzuerhalten. Gerade an der Verwirklichung dieser Treue werden sie durch die kirchliche Gesetzgebung gehindert. Der immer wieder vorgebrachte Vergleich mit der ehelichen Treue ist deswegen verfehlt, weil die Treuebindung an den Ehepartner - im Unterschied zum Zölibat - zum Wesen der ehelichen Liebe gehört."[67]

Ich machte mir den Vorwurf der Untreue nie zu eigen. Die Überzeugung, daß ich Gott treu bin, wie die Überzeugung, daß Gott allen treu ist, die ihn lieben, ließ mich in diesem Punkt alle Anfeindungen heil überstehen. "Selig, die Verfolgung leiden um der Gerechtigkeit willen, denn ihrer ist das Himmelreich." (Bergpredigt)

Familienbande

Leider ergab es sich, daß durch meinen Rücktritt vom Pfarrberuf viele Bindungen und Beziehungen abrissen, die mich früher trugen und die das Gefühl der Zusammengehörigkeit schenkten: die Gemeinschaft der Mitbrüder, der Weihekurs, die Kirchengemeinde. Das alles empfand ich als meine Familie. Nun war ich aber als der "ungehorsame Sohn" aus diesem Netz der Sicherheit herausgefallen, ich war durch die Maschen gerutscht. Ja, ich kann nicht verschweigen, daß ich das als einen schrecklichen Verlust empfand. Es wurde plötzlich einsam um mich. Wenn ich dann nicht eine neue Welt entdeckte, nachdem die alte unterging, war ich verloren. Wie hätte ich da leben können?

Adam war schrecklich allein mit seinem Gott, und das Paradies war nicht attraktiv genug zum Glück. Da erbarmte sich Gott seiner und gab ihm Eva als seine Gehilfin und Gefährtin.

Warum kann die Kirche nicht gut sein wie Gott? Die Genesis äußert keine Angst von Gott, daß dadurch die Liebe Adams geteilt war.

Unsere Liebe

Ich aber fühlte mich hineinversetzt in die Rolle jenes Mannes im Gleichnis: Er wußte von einem Schatze, der im Acker verborgen lag. Er fand den Schatz und verbarg ihn. Voll Freude darüber ging er hin, verkaufte seine ganze Habe und kaufte den Acker.

Ein anderer Mann, er war ein Kaufmann, suchte edle Perlen. Als er eine kostbare Perle fand, ging er hin, verkaufte seine ganz Habe und erwarb sie.[68]

Gewiß ist hier die Rede vom Himmelreich. Aber wenn ich von unserer Liebe spreche, dann weiß ich, daß sie vom Himmel ist. Ja, sie ist ein Stück vom Himmel! Wenn wir sie auf das irdische Maß zurückschreiben, ist sie ein Stück Paradies, das mir Gott belassen hat. Ich möchte die ungezählten Liebesgeschichten nicht um eine weitere Variante vermehren. Ich weiß von mir nur zu berichten, daß ich für den Rest meines Lebens die Hoffnung für begraben hielt, dieses je mit einer geliebten Frau teilen zu dürfen. Mit ihr könnte ich nie ein Mensch, ein Herz und eine Seele werden.

Als ich in den Jahren 1965/66 Kaplan in R war, fand ich den Schatz im Acker. Da war ich fasziniert von der Kostbarkeit der Perle. Ich hatte Angst vor mir selbst und Angst vor den Menschen, ob ich den Acker erwerben dürfte.

Als ich Brigitta zu mir nahm, sicherte ich sie zunächst vor dem Zugriff anderer Werber. Es wäre nicht redlich von mir gewesen, wenn ich sie nicht von Anfang an aus tiefstem Herzen verehrt hätte. Es war noch nicht die volle Liebe aus Eros, Sexus und Agape, die einen Menschen total in Bann nimmt und berauscht. Es war tiefe Wertschätzung und Zuneigung. Diese Liebe wuchs allmählich bis zu einem Grad, daß es Verrat aneinander gewesen wäre, wieder voneinander zu lassen.

Ich wurde in den Tagen meiner Neuorientierung gefragt: "Bist Du Brigitta gegenüber gebunden?" - Ich antwortete, daß ich es sei. Ich wollte es aber so verstanden wissen, daß ich ihr unwiderruflich verbunden bin, daß uns nichts mehr trennen konnte, nicht einmal, wenn ich "alles verkaufen" müßte, um die Perle zu erwerben.

Wir hatten unsere Liebe geheimgehalten, weil wir sie geheimhalten mußten. Aber als Unbefugte den Acker verwüsteten und die Perle profanieren wollten, da war für mich der Punkt erreicht, wo ich zugreifen mußte. Ich müßte sie entlassen, sagten sie; da mußte ich mit ihr gehen. Ich konnte mein und ihr Leben nicht zerteilen, wir hatten nur ein gemeinsames Leben.

Als es so weit war, es war im Dezember 1968, kam ich mir vor wie ein ungeborenes Kind im Mutterschoß. Wir wissen um die Bedeutung der pränatalen Zeit des Kindes und um den Trennungsschmerz im Augenblick der Geburt. Das Kind fühlt sich im Mutterschoß wohl wie später nie wieder. Es empfindet den Eintritt in diese Welt schmerzhaft. Oft bleibt ein Trauma zurück, wenn der Austritt und Eintritt biologisch nicht harmonisch verläuft.

Eine ähnliche Situation bestand nun in unser beider Leben. Jetzt war der Augenblick gekommen, an dem wir aus dem vorherigen Zustand unserer geheimen Liebe, vertrauten Umgebung, kirchlicher und gesellschaftlicher Geborgenheit entbunden wurden.

Der Säugling möchte am liebsten wieder zurück in den Mutterschoß, wenn er das harte Licht der Welt erblickt. Er meidet tagelang den offenen Blick mit ungeschützten Augen.

Auch wir verkrochen uns wieder zurück in die Unentschlossenheit, in das Arkanum unserer selbst, wo es die Welt draußen nicht gab. Wir wehrten uns gegen den Zugriff derer, die uns verletzen und trennen wollten.

Aber die Welt draußen, die sich in diesem Falle eigentlich nicht als "von dieser Welt" bezeichnet, holte uns ein und drängte uns das Gesetz des Handelns auf.

Wenn Mann und Frau in Liebe eins werden, ein Leben, ein Leib, ein Fleisch, ist das ein Zurückfinden in den Mutterschoß, wo alles ringsherum nicht mehr existiert, wo man den Schmerz vergißt.

In der Schrift wird das ewige Leben als ein Zustand, beschrieben, wo es kein Leid, keinen Schmerz, keinen Tod mehr gibt. Somit sind diese Augenblicke der höchsten Liebe Augenblicke des ewigen Lebens. Es sind nur Augenblicke, aber sie wiegen wie eine Ewigkeit. Ich bin Gott dankbar, daß ich eine liebe, hübsche und tüchtige Frau fand. Ich liebe ihren Körper, ihr Wesen, ihre Eigenart. Ich freute mich, als sich die jüngeren Mitbrüder erzählten, wie hübsch sie ist. Sie kamen "zum Anschauen", wie sie später bekannten. Sie waren sehr von ihr angetan; ich bin es heute noch, weil sie mit den Jahren eine reifere Schönheit erlangte.

Damals führte ich sie gerne als meine Zier aus. Natürlich in züchtiger Distanz. Wie gerne hätte ich ihr und mir die volle gesellschaftliche Anerkennung gegönnt!

Heute ist sie meine Frau, und ich bin stolz auf sie und ich präsentiere sie gerne allen Leuten. Wir sind jetzt schon 20 Jahre verheiratet, aber unsere Liebe ist jung geblieben. Sie hat noch nichts vom früheren, verzaubernden Reiz eingebüßt. Natürlich wäre es ein Zeichen von Unreife oder Unwahrhaftigkeit, wenn ich verschwiege, daß nicht immer nur eitle Freude und ungetrübter Sonnenschein herrschte.

Ich beschrieb mit vielen Worten die Liebe zwischen mir und Brigitta. Die Kirche verweist bei ihrem Standpunkt der Verweigerung auf die möglichen Risiken von gescheiterten Priesterehen. Aber unser menschliches Leben ist an sich schon ein Risiko, das wir riskieren müssen. So muß auch ein Priester, weil er aus den Menschen genommen und für die Menschen bestellt ist, täglich von neuem sicherstellen, daß seine Liebe die Merkmale trägt, die Paulus für wesentlich hält: Wir müssen langmütig, gütig und bar aller Eifersucht sein. Wir dürfen uns der Liebe nicht prahlen, sondern müssen sie täglich dankbar als Gottes Geschenk annehmen. Unsere Liebe wird Bestand haben, weil ich von Brigitta und von mir bekennen darf, daß wir uns nicht selbst suchen, keiner seine eigene Selbstverwirklichung, sondern jeder will dem Partner zu seiner Wirklichkeit verhelfen. Wir haben auch nichts Böses nachzutragen, weil jeder nur das Gute für den anderen will.

Weil wir aber noch nicht am Ende unserer Zeit sind, wissen wir, daß wir aus eigener Kraft nicht stark genug sind, alles zu ertragen, zu glauben, zu hoffen, zu dulden. Aber wir haben den guten Vorsatz und die Kraft von Gott. Ich hoffe: Unsere Liebe hört nie auf! So weit es auf uns ankommt, hört sie nicht auf![69]

Über unsere Liebe zogen inzwischen 20 Jahre hinweg. Wir standen in allen Lebenslagen und Belastungen von außen zueinander. Die Probleme, die uns die Umwelt aufgab, banden uns nur immer enger aneinander. Die Probleme, die von innen kommen, sorgen eher für Zündstoff: Es sind die Kinder, die größer werden und viel Verständnis brauchen. In der Beurteilung ihrer

Belange und Probleme und Bedürfnisse gibt es schon manchmal Divergenzen. Aber hier haben wir auch zwei verschiedene Rollen zu spielen, die sich ergänzen müssen: Der Vater vertritt die Norm, die Mutter die Nachsicht. Im Interesse der Kinder müssen wir öfter die Mitte finden.

Unsere Kinder

Unsere Liebe war fruchtbar. Ich wollte immer schon Kinder. Nie Kinder haben, war mir der schmerzlichste Verzicht im Zölibat. Kinder sind eine Last, Kinder sind aber auch eine Freude.

Ich wollte immer eine Familie. Die Familie, aus der ich stamme, war vor meiner eigenen Heirat das Betätigungsfeld meiner ausgeprägten Fürsorge. Ich ordnete immer schon alles für andere, ich hatte einen überstarken Trieb dazu.

Nur schwer wollte es mir in den Kopf, daß jemand ohne Abrieb durch andere, sagen wir ohne eine Familie, ein selbstloser, aufmerksamer, hingebender Vater einer Gemeinde wäre.

Ich hielt mich von Gott beschenkt und unendlich beglückt, als ich Sicherheit gewann, daß wir ein Kind haben würden. Brigitta und ich ein Kind! Ein Mensch, der unser Fleisch und Blut hat! Ich wußte jetzt, daß durch mich meine Familie fortleben wird, vielleicht in weite Generationen. Jetzt war ich ein Glied in der Kette.

Man sagte mir vorher, ich sei hundertfacher geistlicher Vaterschaft teilhaft geworden. Das war ein schöner Gedanke. Warum durfte der Priester nicht auch biologisch am Lebensstrom teilhaben? Ich verstand es nicht.

Am Anfang unserer Ehe zählte ich im Tagebuch alles auf, was uns Gott in seiner Güte seit meinem erst kürzlich erfolgten Weggang vom Priesteramt Gutes gab. Einmal schrieb ich beglückt: "Wir freuen uns auf unser Kind. Es war unser größter Wunsch. Wir wollen ihm gute Eltern ein!"

Am 23.11.1969 erreichte unsere Freude den Höhepunkt unseres Lebens: Das größte Wunder war geschehen, ein Mensch war geboren. Und dieser Mensch war unser Sohn Johannes.

Bis zum ersten Geburtstag unseres Kindes berichtete ich froh und stolz, fast minutiös, von allen kleinen Fortschritten seiner frühesten Kindheit. Das alles liest sich für ein Vater- oder Mutterherz wie ein entwicklungspsychologischer Roman.

Auch hernach setzte ich meine Beobachtungen und Einträge fort. Was ich notierte, roch nicht nach trockenem Lehrbuch der Psychologie, sondern beschrieb das sich entfaltende Leben.

Drei Jahre später notierte ich: "Brigitta ist wieder guter Hoffnung. Es sind bereits drei Monate, und das Kindlein müßte am 6. Juli zur Welt kommen. Hoffentlich haben wir Glück!

Dann kam der große Tag des nächsten Eintrags: "Das schönste Ereignis dieses Jahres ist die Geburt unserer Tochter Birgit Barbara. Sie kam am 6.7.73 zur Welt, abends 20.30 Uhr. Sie ist mit Mama noch im Krankenhaus. Wir sind entzückt, von ihr und vor allem sehr stolz. Mama ist überglücklich! Eine Tochter war ja ihr sehnlichster Wunsch."

Heute sehe ich meine liebe Birgit noch vor mir, als ich sie in der Tragtasche zum Haus hereintrug, sie in der Diele hinstellte und verliebt betrachtete. Johannes stand dabei und hätte sich vor Rührung und Begeisterung bald selbst nicht mehr erkannt. Wir alle konnten es vor Glück nicht fassen, daß der liebe Spatz uns gehörte.

Birgit und Johannes widmete ich in der Folgezeit meine ganze Aufmerksamkeit. An ihnen wollte ich meine Pädagogik verifizieren. Aus ihrer Entwicklung gewann ich lebensnahe Erkenntnisse und Einsichten. Ich wollte erzieherisch alles richtig machen, denn ich wußte zu genau, was von diesen frühen Jahren für die Folgezeit abhing.

Mit dem Hinweis auf meine Kinder wollte ich zeigen, daß ich alles Glück einer Familie von Gott geschenkt bekam. Die Familie war der Ort, an dem ich für all meine Unternehmungen Kraft und Freude fand. Meine Kinder liebe ich über alles. Sie sind mein größter Reichtum.

Unser Sohn Johannes war schon 19 Jahre alt. Er besuchte ein humanistisches Gymnasium und bestand heuer das Abitur. Wir haben mit ihm keine Sorgen. Unsere Tochter Birgit war 16. Sie ist der Stolz des Vaters und besucht ein neusprachliches Gymnasium. Sie gilt als Musterschülerin. Ein bißchen schwierig ist sie momentan zu Hause. So sind sie halt die jungen Damen. Da muß jede hindurch, dann erst kommt der Durchblick!

Ich stehe heute beruflich in einer verantwortungsvollen Position. Ich bin davon überzeugt, daß ich trotz meiner Familie den Priesterberuf genauso erfüllen könnte wie früher.

Paulus schreibt: "Der Vorsteher (Priester, Bischof) soll seinem Hause gut vorstehen und seine Kinder in Unterordnung und aller Ehrbarkeit halten. Denn wenn einer seinem eigenen Hause nicht vorzustehen weiß, wie soll er die Kirche Gottes betreuen können?"[70]

Nach Paulus darf der Priester verheiratet sein. "Er soll gläubige Kinder haben, die nicht im Rufe eines liederlichen Lebens stehen und unbotmäßig sind."[71]

Die Priester sollten eigene Kinder haben; das wäre eine echte soziale Bewährungsprobe! Verba docent, exempla trahunt! Worte belehren nur, das Beispiel regt zur Nachahmung an!

Neue Lebensumstände

In den Geschäften Gottes fand ich immer rechtzeitig die passenden Strategien, daß ich meine Ziele erfolgreich zu Ende brachte. Meine damaligen Chefs oder geistlichen Wegbegleiter wußten das. Sie kannten mich gut genug, zu wissen, daß es mir Freude bereite, verzwickte Probleme anzupacken und zu lösen.

Nun war ich plötzlich Privatmann. Bei allem Vertrauen auf die Hilfe Gottes hatte ich die Erfahrung gemacht, daß wir uns erst einmal selbst helfen müssen. Darum gab er uns ja Verstand und Willen. Diese beiden Gaben wollte ich nun für meine Familie einsetzen.

Das eigene Heim

Zielbewußt betrieb ich 1969 nach drei Monaten Leben in der Miete den Kauf eines eigenen Hauses. Ich wollte endlich mein eigener Herr in meinen eigenen Wänden sein. Hier sollte das Off-Limit beginnen, wo alle Neugier draußen bleiben mußte, und wo uns keiner den Frieden stören durfte.

So ging ich in der Zeit meiner Untätigkeit auf die Suche nach Häusern, die ich bei unseren finanziellen Möglichkeiten für realisierbar hielt. Ich besuchte die Makler und ließ mir Angebote unterbreiten.

Da war doch ein ganz neuer Bungalow, den ein Anbieter nach neun vergeblichen Abstoßversuchen gerade gemeldet hatte. Jedesmal hatte er den Preis reduziert, wenn er eine Abfuhr erlitt. Ich käme in den Vorteil des zehnten Interessenten. Das war verheißungsvoll!

Sofort fuhr ich mit meiner zukünftigen Frau los, um das Objekt zu besichtigen. Sie wollte jedoch nicht anbeißen, weil das Haus zwar schön war, aber die Umgebung zu viel unberührte Natur aufwies. Ich stellte aber in Aussicht, daß ich im Stande wäre, dies zu verändern.

Brigitta setzte in mich ein grenzenloses Vertrauen, darum willigte sie schließlich in den Kauf ein. Ich hatte schon ausgelotet, wo es für das kleine Grundstück einmal eine Erweiterungsmöglichkeit gab. Unser künftiger Besitz umspannte nur 439 qm Garten und 134 qm Wohnfläche. Aber nach Westen hin war "Unland". Dort müßte sich etwas lockern lassen, wenn wir erst einmal Geld hätten. Für einen Erweiterungsbau hätte ich einschlägige Erfahrung. Vorerst war aber für unsere Bedürfnisse alles groß genug.

Zweieinhalb Monate nach meinem Berufswechsel protokollierten wir den Kauf eines Hauses, elf Tage vor unserer standesamtlichen Trauung. Ich hatte zwar kein gesichertes Einkommen und keinen Beruf. Aber alles stand in Aussicht. Brigitta arbeitete am Amtsgericht in S und von da her war wenigstens der Lebensunterhalt gesichert. Die Beihilfe der Diözese P erschien bis zum Ende des Studiums solide. Mit ihr wollten wir den Schuldendienst bedienen.

Die Wildnis rings um uns herum lichtete ich aus. Bis über das Dach hatte sie gereicht. Vor den Fenstern wucherte Schilf und Sauergras. Ich werkelte und schwitzte. Aber jetzt konnte die Sonne herein. Ich liebte die Natur. Aber das hier war zu viel Natur!

Sofort pflanzte ich Obstbäume und Ziersträucher. Noch im gleichen Jahr grünte und blühte es im kleinen Garten. Tomaten und Gemüse auf dem Teller stammten aus eigener Produktion. Ich hatte noch einen Schrebergarten in der Nähe dazugepachtet.

In den folgenden Jahren betrieb ich die Erweiterung des Hauses und dessen Umbau sowie die Vergrößerung des Grundstücks. Alles fertigte ich von eigener Hand unter dem Einsatz aller körperlichen und geistigen Kraft. Wir waren jetzt vier Leute und die Bedürfnisse wuchsen, je größer die Kinder wurden.

Das Wichtigste war ja wohl, daß meine Kinder eine Heimat hatten und Brigitta und ich einen Bezugspunkt. Meine Frau war sparsam und tüchtig. Auch ihr habe ich es zu verdanken, daß ich das alles finanziell auf soliden Boden stellte. So gesehen haben wir keine Sorgen mehr und können uns mehr leisten als notwendig ist.

Inzwischen gingen viele Stürme über unser Haus hinweg. Es hielt allen Fährnissen stand. Wir erlebten hier schon schöne Zeiten, aber auch Stunden der Not und Gefahr. Aber in Eintracht und Treue meisterten wir alles. Die blanken Mauern füllten wir mit Leben und gestalteten sie zur Heimat. Bei aller eigenen Tüchtigkeit wußten wir immer: "Wenn Gott das Haus nicht baut, bauen die Bauleute vergebens."

Der neue Beruf

Irgendwann nach 1974 gab ich die Hoffnung und das Bemühen auf, nach einer Rückgliederung in den kirchlichen Dienst zu streben. Auch der Beruf des hauptamtlichen Religionslehrers kam nicht mehr in Frage. Ab da hatte ich mir die Gedanken meines früheren Regens und späteren Generalvikars zu eigen gemacht, die er mir schrieb, als er schon im Ruhestand war:

"Ich meine, sie sollten oft daran denken, daß es einem guten Lehrer möglich ist bei seinen Schülern dasselbe zu erreichen, was dem Religionslehrer aufgegeben ist. Ich erinnere mich an meinen Vater und an nicht wenige Lehrer, mit denen ich zusammenarbeiten durfte. Vielleicht werden Sie dann mehr Zufriedenheit haben."

Ich hatte endlich begriffen, daß mein Dienst in der Schule ein echter priesterlicher Dienst war. So gesehen war mein neuer Beruf eigentlich kein neuer, sondern eine kontinuierliche Fortsetzung dessen, was ich einmal begonnen hatte. Ich war nicht nur den Menschen, sondern Gott Anstrengung und Leistung nach dem Maß meiner Gnade schuldig.

Meine Schüler hatten es bald begriffen, daß ich nicht der Un-Mensch, Versager, Apostat war, als der ich aus einer bestimmten Ecke gerne abgestempelt wurde. Meine Vorgesetzten ließen mich öftere Male wissen, daß sie meine fachliche und menschliche Kompetenz respektierten. Eine nahegelegene Universität schickte mir Semester für Semester zahlreiche Studenten, daß sie bei mir praktizierten.

Als ich schließlich gebeten wurde, auch im Fach Religionspädagogik zur Verfügung zu stehen, koppelte ich meine weitere Bereitschaft zur Mitarbeit als Praktikumslehrer wieder an die Erteilung der Missio für die weiterführenden Schulen der Stadt S. Ich hatte zwar nicht mehr die Absicht einer beruflichen Veränderung; es ging mir um den Grundsatz, um die Beseitigung der damaligen Diskriminierung durch die ausdrückliche Ausgrenzung dieser Möglichkeit.

In der Zwischenzeit hatte ich mich nicht nur praktisch im Religionsunterricht stark engagiert, sondern auch theoretisch. Man suchte Lehrer, die befähigt und gewillt waren, bei der Ausarbeitung und Erprobung der neuen kurrikularen Lehrpläne für die Grund- und Hauptschulen mitzuarbeiten. Ich stellte mich zur Verfügung und tat mein Bestes.

Obwohl ich von den zuständigen Stellen der Kirche von F für meine Bereitschaft und Leistung großes Lob empfing, stieß ich mit der Forderung nach der gewünschten Missio auf taube Ohren. Und wieder hielt man mir vor, man könne sie nicht erteilen, weil meine Heimatdiözese gegen mich starke Bedenken hätte.

War das nicht wieder die bereits entlarvte Lüge? - Jetzt wollte ich Nägel mit Köpfen schmieden! Ich richtete meine Anfrage direkt an die Stellen in F.

"Sehr geehrter Herr Prälat!" schrieb ich. "Verzeihen Sie, daß ich mich an Sie wende, um Sie um einen Gefallen zu bitten. Ich beabsichtige, mich umgehend darum zu bemühen, zu Beginn des nächsten Schuljahres in einer weiterführenden Schule der Stadt S nebenamtlichen Religionsunterricht erteilen zu dürfen. Es wäre für mich wichtig zu wissen, ob von Seiten der kirchlichen Stellen in P gegen dieses Vorhaben oder gegen meine Person Bedenken bestehen. Darf ich vielleicht bald um Auskunft bitten?"

Die Antwort wollte ich den Herren in F schicken, um ihnen bewußt zu machen, wie unfair sie handelten.

Die Antwort lautete: "Lieber Freund, die an mich gerichtete Frage kann ich nicht beantworten. Ich habe den Brief an den für Personalsachen allein zuständigen Generalvikar weitergereicht. Aber das Lebenszeichen hat mich gefreut ..."

Der Generalvikar ließ mich sehr bald wissen:

"... Auf Ihre konkrete Frage darf ich antworten, daß gegen diese Ihre Absicht unsererseits kein Vorbehalt besteht. Hinsichtlich der dafür notwendigen Missio wie der bischöflichen Zustimmung wenden Sie sich bitte an das zuständige Ordinariat in F. Von unserer Seite besteht weder gegen eine Missioerteilung noch eine Unterrichtserlaubnis, wie Sie sie haben wollen, ein Widerspruch. Persönlich darf ich alles Gute wünschen und bin mit freundlichem Gruß ..."

Diese beiden Briefe schickte ich nun mit einem neuen Anschreiben an den Generalvikar in F: "Wie Sie sich sicher erinnern, habe ich Ihnen schon vor langer Zeit eine Bittschrift überreichen lassen. Seitdem warte ich auf eine Antwort von Ihnen. Ich habe leider den Verdacht, daß irgendwelche Gründe, die nicht in meinem Sinne liegen, Ihnen die Antwort erschweren.

Ich habe bei meiner Heimatdiözese angefragt, ob dort irgendwelche Bedenken gegen mich vorlägen. Auf meinen Brief bekam ich postwendend Antwort. Ich lege Ihnen das Schreiben des Herrn Prälaten K und des Generalvikars von P bei. Ich bitte, mir die beiden Schriftstücke zusammen mit dem Zeugnis des Pfarrkonkurses, das meinem damaligen Schreiben beilag, möglichst umgehend wieder zurückzuschicken."

In der Zwischenzeit wuchs das Unbehagen an der Uni in F. Von der Not getrieben bat man mich und die kirchliche Behörde um eine eilige Zustimmung. Es stand außer mir kein Praktikumslehrer für das Fach katholische Religionslehre mit ähnlicher Qualifikation zur Verfügung. Ein hoher Geistlicher und Professor in F ließ mich wissen, daß viele über die Taktik des Schulkommissariats sehr verwundert wären. Die Empfehlungsschreiben aus P seien bekanntgeworden. Er habe Zugang zu den "Wissenden". Alles lügenhafte Manövrieren sei vermutlich erfolgt, um meinen Ortspfarrer zu decken. Er und manche anderen könnten all diese Dinge nicht verstehen.

Zu meiner vollständigen Überraschung schickte der Generalvikar völlig unerwartet ein Schreiben. Es erschien mir wie der Blitz aus heiterem Himmel in der allerletzten Frist, die ich mir selbst stellte: Nie wieder wollte ich eine Religionsstunde halten, in die Kirche gehen oder sonst von der Kirche etwas wissen. Das erklärte ich für mich und meine ganze Familie. Die Grenze des Zumutbaren war bereits überschritten.

Der Brief lautete:

"Mit Schreiben vom 13.11.1979 hat Herr Pfarrer X Ihr Gesuch vom 24.10.1979 um die Erteilung der Missio Canonica zur Erteilung von Religionsunterricht an weiterführenden Schulen an das Generalvikariat weitergeleitet. Leider habe ich es versäumt, den Eingang Ihres Schreibens zu bestätigen. Ich bitte um Entschuldigung. Inzwischen haben Sie mit Schreiben vom 1.3.1980 ein Empfehlungsschreiben des Herrn Generalvikars von P nachgereicht. Anbei übersende ich Ihnen die Missio-Urkunde, sowie die uns vorgelegten Zeugnisse. Mit allen guten Wünschen für Ihren Dienst in der Schule und freundlichen Grüßen, der Generalvikar."

Nun war es geschafft! Nach fast 10-jährigem Kampf. Ich überlasse es dem Leser selbst, sich über alle Umstände eine Meinung zu bilden.

Nachdem der Sachverhalt so offen auf der Hand lag, meinte ich, es meinen Rettern in P mitteilen zu müssen, was an Trennendem über die Jahre zwischen uns gelegen hatte. Sie ließen mich manchmal wissen, daß Ihnen manche meiner kühlen Reaktionen unverständlich sei. So schrieb ich:

"Ihnen und dem Herrn Generalvikar herzlichen Dank für den Brief und die Bestätigung, besonders für die postwendende Erledigung! - In Wirklichkeit hatte ich mich in F schon um die Missio bemüht. Ich erhielt den Wink, daß ich wieder abgewiesen würde. Die Begründung sei, daß ich "von P abgelehnt werde". Mit dem gleichen Vorwand wurde mir 1973 der Zugang zur Verbandsberufsschule in S verwehrt, obwohl der Berufsschulverband und die Regierung meiner Einstellung schon zugestimmt hatten. Diese offensichtliche Schutzbehauptung, wenn ich es gnädig bezeichne, hat mich meiner Heimatdiözese stark entfremdet. Schon 1975 hat mein früherer Chef und Pfarrer für mich herausgebracht, daß das nicht zutraf. Darüber und über Ihre neuerliche Zusage bin ich sehr dankbar. Inzwischen hat Ihr und des Herrn Generalvikars Brief in F heilsame Verwirrung gestiftet und ich habe die Missio erhalten."

Umgehend wandte sich K wieder an mich:

"Lieber Freund, nun bin ich sehr froh, daß eine "heilsame Verwirrung" zum Ziel geführt hat. Aber noch mehr freue ich mich, daß das seinerzeitige Gerücht nun geklärt ist. Es lag nie ein Grund vor, der unsere Einstellung ... zu den aus dem Amt geschiedenen Mitbrüdern geändert hätte. Noch heute helfe ich jedem gern ... Das ist ja eine Selbstverständlichkeit. Mit echter Mitfreude habe ich den kurzen Bericht über Deine Familie gelesen. Ich beglückwünsche Dich dazu. Nun wünsche ich Dir und Deiner Familie frohe Osterferien und weiterhin Gottes Segen."

Nachdem die Dinge so gelaufen waren, fand ich mich auch bereit, das Amt des Praktikumslehrers an der Universität auch im Fach Religionslehre zu übernehmen.

Als ich im Juli 1986 um Entpflichtung von der Bürde des Praktikumslehrers bat, erhielt ich von der Universität folgenden Brief:

"Sehr geehrter Herr Kraus,

mit Beendigung des Schuljahres 1985/86 endete auf Ihren Antrag an die Regierung hin Ihre Tätigkeit als Praktikumslehrer bei der Universität in F.

Über fast zwei Jahrzehnte haben Sie sich den Studierenden des Lehramts gewidmet, zuerst als Ausbildungslehrer im Rahmen der VOP und dann als Praktikumslehrer, wie die LPO I es vorsieht. Dabei ist jenen Ihre uneingeschränkte persönliche Tatkraft, Ihre reiche Berufserfahrung, Ihre besondere Aufmerksamkeit und Ihr stetes Wohlwollen zuteil geworden. Vielen haben Sie durch lehrerbildnerisches Wirken und stets konstruktive kritische Haltung dazu verholfen, diesen Beruf schon während der Studienzeit besser zu begreifen. Im Namen der Universität F möchte ich Ihnen dafür herzlich danken, ich persönlich auch dafür, daß mir die Zusammenarbeit mit Ihnen stets Freude und nie Probleme bereitete. Aus dem Kreis der Praktikumslehrer entlassen wir Sie als "Dienstältesten" nur ungern, respektieren aber Ihre Entscheidung. Für die weitere Zeit im beruflichen wie privaten Bereich begleiten Sie alle unsere guten Wünsche."

Eigentlich erwartete ich keinen Dank in dieser Form. Aber ich freute mich trotzdem, daß ich nach aller Kabale, die ich aus F erfuhr, auch einmal gelobt wurde.

Wie nützlich meine Dienste für die Universität befunden wurden, erhellt die Tatsache, daß ich am 10.3.1982 vom Kultusministerium zum Prüfer für die mündliche Prüfung im Rahmen der ersten Staatsprüfung in den Gebieten Religionspädagogik und Theologie bestellt wurde. Am 6.6.1986 wurde der Aufgabenumfang ausgedehnt und erweitert.

Ich hatte mit der Erteilung der Missio für den Religionsunterricht an Höheren Schulen jetzt eigentlich eine vielversprechende berufliche Chance. Aber am 1.3.1980 war ich zum Konrektor einer Grundschule in S ernannt worden. Für den geplanten Religionsunterricht am Nachmittag hatte ich keine Zeit mehr. Der berufliche Druck wurde noch größer, als ich am 10.7.1984 zum Konrektor an der größten Grundschule in S berufen wurde.

Am 1.8.1986 wurde ich schließlich als Schulleiter an dieser Schule eingesetzt und am 1.2.1987 ebendort zum Rektor ernannt. Die Stadt S bestellte mich zum Verwalter einer ausgedehnten Schulanlage, die gegenwärtig von einer Sonderschule und Privatschule mitbenutzt wird.

Neue Freunde

Es läßt sich denken, daß wir heute wieder einen ausgedehnten Bekanntenkreis besitzen. Das bringt meine berufliche Position mit sich. Auch viele damals durch unsere eigene Unsicherheit abgelegte Bekanntschaften und Freundschaften erwachten zu neuem Leben. Nicht zuletzt bin ich glücklich über die Gemeinschaft der "Vereinigung katholischer Priester und ihrer Frauen".

Im Winter 1968/69 stand wirklich niemand zu uns, außer meiner Schwiegermutter. Es schrieben uns zwar ehemalige Mitbrüder, besonders die jüngeren, öftere Male. Es tat uns wohl, wie sie uns ihrer Sympathie versicherten. Aber letztendlich hatten sich unsere Wege getrennt. Für mich war der Zug abgefahren, sie blieben soz. auf dem Bahnsteig zurück.

Erst mit der Zeit entdeckten wir einige wegbegleitende Kameraden, gute Menschen, die uns mit Rat und Tat zur Seite standen. Und da waren die vielen guten Menschen, die unserer Ehrlichkeit und Entschlossenheit Respekt und Achtung zollten. Sie gaben uns die Sicherheit, daß wir ein Recht hatten, trotz massiver, unchristlicher und liebloser Reaktionen und Aggressionen in dieser Gesellschaft zu existieren.

Viele bekannten uns, daß ihnen Priester meiner Art lieber sind als Priester, die uns notorisch das Leben erschwerten.

Prestige

Als Priester genoß ich ein großes Prestige kraft der Weihe und des Amtes. Die Leute schätzten mich offensichtlich auch wegen persönlicher Qualitäten, die ihnen imponierten.

Nach meinem Weggang vom Pfarrberuf war ich ein Nichts und trug das Odium des Versagers. In dieser ekklesiogenen Gesellschaft fanden sich nur wenige, die es wagten, sich gegen die öffentlich gesetzte Norm trotz besserer Einsicht für uns zu engagieren. Ich aber arbeitete an mir und meiner Umwelt oft bis zur Grenze meiner Leistungskraft. Dabei beflügelte mich die Liebe, das Verständnis und die Hilfe meiner geliebten Frau. So bauten wir eine neue Welt für unsere Familie auf und sicherten uns einen ehrenvollen Platz unter den Menschen.

Welches Prestige ich jetzt wieder besitze und meiner Familie wegen gerne festhalte und bewahre, entnehme ich dem Brief von Prälat K, den er mir am 6.8.1986 schrieb:

"Lieber Mitbruder und Freund,

ist das eine Freude, Du bist Rektor einer großen Grundschule geworden und dazu von Stadt und Staat mit herausragenden Aufgaben betraut worden. Von Herzen beglückwünsche ich Dich und Deine Familie. Wie gut kann ich mich in die Mühen hineindenken, die dieser Berufung in Spitzenstellungen vorausgingen. Du bist nun der zweite aus unserem Bistum, der diesen Erfolg im neuen beruflichen Leben verzeichnen darf. Wer um die hohen Anforderungen, die an die im Lehramt tätigen seitens der Aufsichtsbehörden gestellt werden, weiß, der kann Deine Leistung erst so recht einschätzen ... Dein beruflicher Aufstieg, noch mehr aber Dein Familienleben sind für mich ein Siegel Gottes auf Deine Entscheidung in der seinerzeitigen Gewissensfrage. Das ist der erste Grund meiner Mitfreude an Deinem Erfolg ... Dir und Deiner Familie herzliche Segensgrüße. Deine Kinder segne selbst und sie seien auch von mir gesegnet!"

Perspektiven - für mich

Eine Entscheidung, wie ich sie für mein Leben traf, fällt man nicht aus einer Laune und nicht ohne Überlegung. Mit diesem Schritt muß ich vor mir und vor Gott bestehen können bis in meine letzte Stunde. Ich habe mit mir und mit meinem Gott in der Frage des Zölibats einen eindeutigen Schlußstrich gezogen.

Paulus sagt: "Was die Frage der Ehelosigkeit betrifft, so habe ich vom Herrn kein Gebot. Wenn Du aber heiratest, begehst du damit keine Sünde; und wenn eine Jungfrau (sprich Priester!) heiratet, begeht sie damit keine Sünde." - "Den Unverheirateten sage ich: Sie tun gut, wenn sie bleiben wie ich.

Wenn sie aber nicht enthaltsam leben können, dann sollen sie heiraten. Es ist doch besser zu heiraten, als daß sie vor Begierde brennen."[72]

Ich bin auch davon überzeugt, daß diese Entscheidung für mein Priestersein belanglos ist. Ich bin kraft göttlicher Berufung Priester. Das Siegel kann mir durch kein menschliches, und sei es auch ein von der Kirche erlassenes Gesetz, genommen werden. Ich sehe mich trotz meiner Ehe, oder gerade ihretwegen, durch eine ehrwürdige Tradition und die heilige Schrift als Priester legitimiert. Es gab und es gibt verheiratete und zölibatäre Priester. Die "Laisierung" ist für mich ein unbedeutender Verwaltungsakt, der mich nur äußerlich, in einer ebenso gearteten Gesellschaft, daran hindert, mein Amt in der herkömmlichen Weise auszuüben. Ich habe nicht die Absicht, trotz der Bedenken und des Verbotes der Kirche unkluge oder provokative äußere Akte zu setzen. Ich habe auch nicht den Drang zu Protesten, weil für mich im inneren Bereich keine Zwänge bestehen. Dieses Buch schrieb ich aus Liebe zur Kirche, weil auch sie ein Interesse haben muß, daß bei ihr die Wahrheit und Gerechtigkeit eine Heimat hat. Wenn die Kirche aber für den äußeren Bereich auf meine Dienste verzichtet, ist das nicht meine, sondern ihre Sache.

Ich sehe die Zeit kommen, ja sie ist schon da, in der die Mehrheit in Gesellschaft und Kirche mir meinen Schritt nicht mehr übel nimmt. Sie kann sich nur noch nicht zu ihrer Einsicht äußern.

Vor nicht langer Zeit überreichte mir die Vorstandschaft einer von mir gegründeten KLJB-Gruppe anläßlich ihres 20-jährigen Bestehens eine Ehrenurkunde. Diese Urkunde stammt von jungen Menschen aus einem Dorf mit starken Wurzeln im Mutterboden der Kirche. Sie sahen offenbar in meiner Heirat keine Beeinträchtigung meiner geistigen und geistlichen Verbindung mit ihnen. Diese Ehrenurkunde war für mich ein starkes integratives Zeichen von der Basis her.

Wie Priester denken und empfinden, erfahre ich alle Jahre auf dem Treffen meines Weihekurses. Ich finde nichts mehr, was uns trennt. Die Mentalität hat sich gewandelt. Alle respektieren meine Gewissensentscheidung. Manche zeigen unverhohlen ihre Achtung vor meinem ehrlichen Bekenntnis zu dem Realitäten meines Lebens.

Am Anfang begann ich mit Gesängen zu meiner Priesterweihe. Ich füge am Ende das brausende "Tu es Petrus" hinzu, das in das ergreifende, aufmunternde Wort des Herrn mündet:

"Simon Joannis, dilligis me? Pasce agnos meos, pasce oves meas!" - "Simon, Sohn des Johannes, liebst du mich? - Weide meine Lämmer, weide meine Schafe!"

Die Liebe des Herrn war es, die Jesus bewog, den Petrus zum Hirten zu erwählen; obwohl dieser ihn in jener Stunde verleugnete. Wer von den Menschen mißt meine Liebe damals und heute, und wer prüft meinen Glauben, daß er sich ein Urteil anmaßen darf?

Perspektiven - für andere

Der gegenwärtige Papst Johannes Paul II. spricht dem Vernehmen nach keine oder fast keine "Laisierung" aus oder schränkt sie erheblich ein. Er hält eine "Laisierung" für unmöglich. Denn einen, der Priester ist, kann man nicht mehr zum Nicht-Priester degradieren. Ich teile mit ihm diese Auffassung vom ersten Gesuch um Heiratserlaubnis an. Das Wort "Laisierung" apostrophierte ich seit jeher.

Was ich aber mit dem Papst nicht teile, ist die Verweigerung der Heiratserlaubnis. Er ist sich seines Fehlers nicht bewußt. Der unter Seufzen getragene Zölibat ist kein leuchtendes Zeichen. Ich weiß, wie viele Priester unter dieser Last leiden und klagen. Die Lösung wird aber kommen müssen, daß sich die Priester frei für ihren Weg, dem Herrn zu dienen, entscheiden können. Von der Not gezwungen wird man sich fragen müssen, ob der Dienst nicht doch wichtiger ist als der Zölibat. Wer es fassen kann, der fasse es! Aber es ist besser zu heiraten als zu brennen.

Es ist die Freude, die auf andere überspringt und entzündet. Die Traurigkeit, die Frustration und Verbitterung stößt die Menschen ab und macht das Zeugnis für das Evangelium unglaubwürdig. Die Spendung der Sakramente ist wichtiger als das Gesetz. Ich glaube daran, daß diese Erkenntnis in absehbarer Zeit die Wende bringt.

Ich stehe dazu, daß ich heuer schon 27 Jahre Priester *bin*!

Anmerkungen

1 *Joh 4,23*

2 *Publik-Forum 20/88: Wolfgang Bartholomäus. Nur wer sich liebt kann sich ändern. Mein Abschied vom Zölibat*

3 *Dekret über Dienst und Leben der Priester Nr. 16*

4 *a. a. O. Nr. 8*

5 *vgl. S. 20; 1 Kor 12,2-11*

6 *Werner Bulst SJ. Wir beten an Nr. 139*

7 *2 Kor 5,21*

8 *Gertrud von Le Fort, Hymnen an die Kirche, Mü. 1924[11] SS. 28 u. 33*

9 *Ps 99, 11-12; Mt 4-6*

10 *Enz. Sac. Cael. Nr. 93*

11 *Ich liebte ein Mädchen, ein Briefwechsel, herausgegeben von Walter Trobisch, Vandenhoek und Ruprecht, Göttingen 1967[7]*

12 *a. a. O. S. 96*

13 *a. a. O. S. 9f.*

14 *a. a. O. S. 94*

15 *vgl. Ursula Goldmann Posch, Unheilige Ehen; Anna Lueg (Hrsg.), Ein Sprung in der Kette; Prof. Hans J., Türk, in Mitteilungsblatt der "Vereinigung kath. Priester und ihrer Frauen" 3. Jg. Nr. 4 S. 11; Fritz Leist, Zum Thema Zölibat; Georg Denzler, Die verbotene Lust; Uta Ranke-Heinemann, Eunuchen für das Himmelreich; Peter de Rosa, Gottes erste Diener.*

16 *Christiana-Verlag, Zürich 1966*

17 *Glock und Lutz, Nürnberg 1967*

18 *vgl. Gottes Lob, kath. Gebet- und Gesangbuch S. 123*

19 *Barth, katechetisches Handbuch III. Band S. 301 b*

20 *Sir 3,14 f.*

21 *Bulst, Wir beten an S. 222*

22 *Barth, Kat. Handbuch III S. 302, Schwabenverlag Stuttgart*

23 *a.a.O. S. 302*

24 *M. Oraison, Dickschädel, Knecht V. 1970, S. 177*

25 *In "Bedarfsanzeiger" für die kath. Geistlichkeit, Jg. 79, Mai 1970, S. 186*

26 *Wilhelm Bertrams, Der Zölibat des Priesters, Echter - V. Würzburg 1960*

27 *Enz. sac. cael., Nr. 17*

28 *vgl. Dekret über Leben und Dienst der Priester, Nr. 16*

29 *Michael Pfligler, Priesterliche Existenz, Tyrolia V. Innsbruck 1958[4] S. 263*

30 *Ottilie Moßhammer, Priester und Frau, Herder Freiburg 1958 S. 86 f.*

31 *Tagebucheintragung 22.5.1966*

32 *Tagebucheintragung 12.6.1966*

33 *Redensart in T*

34 *vgl. Mt 19,22*

35 *vgl. 1 Tim 3,2-5; Tit 1,6*

36 *Dekret über Dienst und Leben der Priester Nr. 16*

37 *Martin Luther, Ausgewählte Schriften, Insel Verl. Frankfurt a. M. 1982[2] Bd. III S. 215*

38 *a. a. O. S. 216*

39 *Bildpost, kath. Wochenzeitung, vom 16.7.1967*

40 *Wulf SJ, Manuskript der Sendung "Geist und Leben" Bay. Rundfunk, 18.12.68*

41 *Ich glaube an die eine, heilige, keusche Kirche*

42 *Deutsche Tagespost, 30/31. August 1963 Nr. 105 S. 10*

43 *Erdkreis, Januar 1965, 15. Jg. Heft 1 SS. 2-28*

44 *Prediger und Katechet, Heft 8/9 Juli/August 1968 S. 487*

45 *Der Spiegel, 18. Dezember 1967, Nr. 52 S. 49*

46 *a. a. O. S. 57*

47 *BR, Tagebuch aus der kath. Kirche am 13.5.1968*

48 *Der Neue Tag, Weiden Opf. v. 6.8.1968*

49 *vgl. Frankfurter Rundschau v. 31.7.1968*

50 *Camilla Härlin, in "Frau im Leben" 1968 Nr. 5*

51 *Ansprache Papst Paul VI., September 1966*

52 *vgl. S. 24*

53 *Mt 5,11*

54 *Mt 10,21*

55 *Mt 10,34-36*

56 *Tagebuch v. 21.1.69*

57 *Orientierung v. 22.7.1971 S. 47 f.*

58 *Bildpost v. 15.2.1970*

59 *Geheime Anweisung der Heiligen Kongregation für die Glaubenslehre an alle Ortsordinarien usw. vom 13.1.1971*

60 *"Abtrünnige oder Diener einer neuen Kirche", Arbeitsgemeinschaft "Priester ohne Amt" 1971*

61 *Das Reskript für meinen Mitbruder Franz Keitersberger wurde einige Zeit später nach Chicago fehlgeleitet. Damals mußten die Vatikanischen Stellen schon sehr überfordert gewesen sein.*

62 *Eichmann-Mörsdorf, Kirchenrecht Bd. 1 S. 344, Paderborn 1959*

63 *Franz Böckle, Der Zölibat, Mainz 1968 S. 188*

64 *Röm 8,15*

65 *Röm 2,17 ff.*

66 *Synodenpapier, Allgemeine Synode der verheirateten Priester und ihrer Frauen, Rom Sept. 1985 S. 5 f.*

67 *Papier, Aktionsgemeinschaft Rottenburger Geistlicher, Esslingen, 23.2.70*

68 *Mt 13,44-46*

69 *vgl. 1 Kor 13*

70 *1 Tim 3,4*

71 *Titus 1,6 und 1 Tim 3,2*

72 *1 Kor 7,8-25*